ANTHOLOGIE DE LA POÉSIE BAROQUE FRANÇAISE

Tome 1

DU MÊME AUTEUR

à la librairie José Corti

La Littérature de l'Age baroque en France, 1953.

Forme et signification. Essais sur les structures littéraires de Corneille à Claudel, 1962.

L'Intérieur et l'Extérieur. Essais sur la poésie et sur le théâtre au XVIIe siècle, 1968.

Narcisse romancier. Essai sur la première personne dans le roman, 1973.

Leurs yeux se rencontrèrent. La scène de première vue dans le roman, 1981.

Le lecteur intime. De Balzac au Journal, 1986.

Passages, échanges et transpositions, 1990.

Dernier regard sur le baroque, 1998.

chez d'autres éditeurs

Jean de La Ceppède,, Choix de textes, G.L.M., 1947.

Andreas Gryphius, Choix de textes et traduction, G.L.M., 1949.

Le Mythe de Don Juan, Armand Colin, 1978.

N° d'édition : 1574 Tome 1
ISBN 2-7143-0268-8

JEAN ROUSSET

ANTHOLOGIE DE LA POÉSIE BAROQUE FRANÇAISE

Tome 1

JOSÉ CORTI

À MARCEL RAYMOND

Cette anthologie a été publiée originellement chez Armand Colin en 1961.

INTRODUCTION

RENONÇANT *à toute discussion théorique et historique* [1], *cette introduction n'a d'autre fin que d'ouvrir l'anthologie, d'en expliquer l'ordonnance.*

Un poème est à la fois une rêverie vécue et une composition d'images; un choix de poèmes sera donc un choix de symboles, de motifs, de rêves, dans certaines conditions de structure et de style. Mon intention est de présenter le Baroque, l'imagination et les formes propres au Baroque, en mettant sous les yeux du lecteur une suite de textes groupés autour de motifs et de thèmes imagés qui révèlent et définissent une sensibilité et un art baroques.

La disposition et le groupement des textes retenus impliquent un parti et proposent une solution; ils offrent à qui les lit dans l'ordre choisi un cheminement significatif; ils sont en effet répartis de manière à s'éclairer, à se commenter les uns les autres; ils forment finalement un ensemble organique, ils tracent

1. — Je renvoie sur ce point à la bibliographie et aux notes. On pourra se reporter également à mon livre La littérature de l'âge baroque en France, *Paris, Corti, 1953, dont cette anthologie voudrait être un complément, à la manière d'un album d'illustrations. Je m'abstiens donc de justifier mes limites chronologiques : 1580-1700.*

un itinéraire. De cet itinéraire, il faut maintenant dégager l'ordonnance et justifier les étapes.

De l'inconstance à la permanence, du multiple à l'un, du paraître à l'être, le parcours est sinueux mais cohérent; les points extrêmes de l'itinéraire se répondent de loin, vivent et vibrent l'un par l'autre : le monde s'éprouve instable et dispersé au regard d'un ciel fixe et simple, par rapport à un Dieu que l'esprit ne perd jamais tout à fait de vue; on chemine vers l'un à travers le multiple.

I. — PROTÉE OU L'INCONSTANCE

Car le temps nous abuse en forme d'un Prothée.
LA ROQUE

Au commencement, il y avait Protée. Protée est le premier emblème de l'homme baroque, il désigne sa passion de la métamorphose jointe au déguisement, son goût de l'éphémère, de la « volubilité » et de l'inachevé. Il incarne une inconstance foncière.

Il importe de nuancer cette inconstance. Elle peut être noire ou blanche, lourde ou légère, sombre ou heureuse; sa tonalité variera selon la perspective adoptée. Ceux qui prennent sur l'homme le point de vue de Dieu, le point de vue de l'Essence et de la Permanence, regardent sa versatilité avec une stupeur inquiète, ils y reconnaissent le signe du péché, de l'absence douloureuse de Dieu; c'est de ce point de vue qu'ils définissent toute vie en termes de mouvement et d'instabilité, et ils le disent avec un gémissement : « D'où tant de fragilité? d'où tant d'inconstance? », se demande Sponde dans sa Méditation sur le Psaume L *où il qualifie l'homme un « changeant Protée », une eau qui s'écoule, du verre qui se brise, du vent qui tournoie; comment fixer jamais l'insaisissable ? « Je ne puis resoulder ce verre, je ne puis arrester ces torrens. Tout cest homme icy n'est que du vent qui va, qui vient, qui tourne, qui retourne, du vent certes, qui s'eslance en tourbillons qui luy saboulent le cerveau, qui l'emportent, qui le transportent... Quoy? Ce n'est plus un homme. Car l'homme est l'œuvre de Dieu... ». Mais, dans l'œuvre ainsi décrite, qui reconnaît encore l'Ouvrier?*

Sponde, comme d'Aubigné, comme Chassignet, parle au nom de ce radicalisme chrétien qui passera ensuite par Bérulle, par Pascal : « Rien ne s'arrête pour nous... Notre raison est toujours déçue par l'inconstance des apparences ».

Au contraire, les poètes de l'inconstance blanche et légère s'y plaisent, s'y plongent, s'en grisent et s'en enchantent. Loin de s'en détourner ou de faire effort pour la surmonter, ils la savourent, ils en tirent de la joie et de l'art; ils imaginent des êtres qui ne sont que fumée, flamme et onde, une nature dont l'inconstance serait l'âme, un monde tout rempli de ses symboles :

Girouettes, moulins, oiseaux de tous plumages...
Des fantômes, des vents, des songes, des chimères...

MOTIN

Ces symboles, ils les vivent, ils en nourrissent une rêverie du mouvant et du volatil ; ils inventent des édifices de plumes et de nuées (Du Perron, Estienne Durant), ou « une isle branlante et de sable mouvant » (Le Moyne).

Les poètes de l'inconstance noire travaillaient sur un fond d'images bibliques : torrent, fleur, herbe... Ceux-ci en rajoutent à plaisir, les multiplient, les font foisonner et s'engendrer dans le poème, au point que le poème devient lui-même, à l'image du monde, un petit monde en métamorphose.

Mais ce n'est pas seulement l'univers extérieur qui vacille, se soulève ou se transforme sous toutes sortes de pressions et de souffles, c'est aussi l'univers intérieur. La pensée n'est pas moins fluide ; la pensée s'échappe à elle-même :

Nostre esprit n'est que vent, et comme un vent [volage...
Ce qu'il pense aujourd'huy demain n'est qu'un [ombrage...
Je peindrois volontiers mes légères pensées,
Mais desjà le pensant mon penser est changé,
Ce que je tiens m'eschappe...

E. DURANT

Et si je le pouvois, j'y peindrois ma pensée,
Mais elle est trop soudain de mon esprit passée,
Car je ne pense plus à ce que je pensois.

MOTIN

On reconnaît, tout proche, Montaigne, dont l'esprit agit sur des couches étendues de la sensibilité du XVIIe *siècle, précisément du côté de ces poètes qui font après lui, et plus encore que lui, l'expérience de la mutation et de la variation universelles. « Que cette variation a de beauté », disaient les* Essais. *Aussi ne s'étonnera-t-on pas de voir Jean Godard décrire la pensée comme un fourmillement d'images et de phantasmes qui se poussent, se heurtent et se détruisent perpétuellement.*

Avec la pensée, le cœur ; lui aussi vit de ses propres changements :

Avecque mon amour naist l'amour de changer...

VAUQUELIN DES YVETAUX

La transition se fait sans peine, et en toute logique, de l'inconstance générale à cette inconstance particulière qu'est l'inconstance amoureuse, le goût de la pluralité féminine, le refus de se fixer, dont les héros *ne manquent pas : Hylas, l'homme aux cent masques, qui figure ici avec quelques-unes de ses chansons de l'*Astrée, *l'Alidor et la Philis de Corneille, dont les manifestes doctrinaires et provocants apportent sa conclusion à ce premier chapitre. Et don Juan? Mais don Juan est espagnol, italien, avant d'être français ; et il est autre chose et davantage qu'un simple Hylas, il est plus que l'inconstant et le parfait comédien ; il est l'inconstance aux prises avec la permanence, l'homme de vent en conflit avec l'* « *homme de pierre* » ; *à ce titre il est assurément l'une des grandes créations du Baroque. Et il nous signale en passant les attaches étrangères, l'expansion européenne des thèmes baroques. Un exemple le fera sentir, qui nous remettra en présence de Protée. Protée a ouvert, il va clore cette section. C'est Marino, que l'on rencontrera encore plus d'une fois en cours de route, qui propose l'analogie de l'*Amour inconstant *et d'un* Protée de l'amour :

Celui qui veut voir
un nouveau Protée de l'amour
et un nouveau caméléon,
qu'il se tourne vers moi
qui changeant à toute heure de pensée
prends mille formes et mille couleurs...

Chi vuol veder, Marcello,
Proteo d'Amor novello,
Novel Camaleonte...

II. — BULLES, OISEAUX, NUAGES.

L'inconstance telle qu'elle vient d'être décrite s'accompagne d'un riche développement de figures de l'instabilité, du passage, de l'envol ; elles sont d'abord prises en fonction d'emblème, ou d'allégorie, fonction centrale et vivante au XVIIe *siècle ; ainsi de l'ombre ou de la bulle chez un Sponde ou un Chassignet :*
Est-il rien de plus vain que l'ombrage léger...?

Mais elles ne tarderont pas à séduire ; on les isolera, on les vivra pour elles-mêmes ; sans disparaître, leur valeur emblématique s'estompera ; au lieu de comparer explicitement la vie humaine au « savon blanchissant » soufflé par un enfant, on suivra des yeux le vol fragile de la bulle, pour la simple raison qu'elle vole, qu'elle est fragile, et par surcroît transparente et changeante ; on sait assez combien les artistes baroques se plaisent à tout ce qui est aérien, curviligne et mouvant. La bulle, ou sa sœur vivante la luciole pourraient figurer de parfaits emblèmes du Baroque. Ou toute autre figure de ce « monde où tout vole » (Fiefmelin) : la flèche, la fusée, la balle. On lira, dans ce contexte, les poèmes de Fiefmelin, de Porchères, de Du Bois-Hus ; on y joindra ces inconstantes de Sigogne et de La Mesnardière, qu'un souffle emporte dans les airs, tant elles sont femmes « légères », elles-mêmes bulles, girouettes ou papillons. La neige, elle aussi, est conçue par Saint-Amant, Bussières, Martial de Brives comme « étincelles... de cristal » ou « papillons perlés », danse aérienne de « fantômes ailés ». Et c'est le même esprit qui anime une suite de poèmes de l'oiseau et du vent ; ils sont l'occasion d'étourdissantes variations sur la métaphore mariniste « luth animé, cithare volante », qui fut si populaire dans la poésie européenne du XVIIe *siècle.*

Quant au groupe des nuages et arcs-en-ciel *qui termine cette section, on ne sera pas surpris de sa richesse, après ce qu'on vient de lire ; on devine qu'on est en présence d'un élément fait pour fasciner la sensibilité de ces poètes ; nuages au couchant ou au levant, demi-teintes éphémères, ciels dépeints dans la gamme de leurs variations, arcs-en-ciel surtout, voilà leur répertoire idéal ; car ce sont images dans l'air, mondes illusoires, constructions de vapeur, qu'un coup de vent dissipe, diversité et incertitude des couleurs, évanescence des formes, splendeur de l'apparence et néant de la réalité, figures de l'inconstance et du beau mensonge,*

C'est un néant vestu, c'est un masque trompeur...
C'est ce qui ne sera que l'ombrage d'un songe.

Ces vers de Bussières, qui donnent sa conclusion à l'un des chefs-d'œuvre de cette poésie, nous invitent à voir dans l'arc-en-ciel, non loin de Protée et de la luciole, un nouvel emblème du Baroque.

III. — L'EAU ET LE MIROIR

Après « *le monde où tout vole* », *voici le monde qui coule. L'eau est une matière privilégiée ; elle est mobile et plastique, propre aux métamorphoses ; et elle est le lieu des reflets, des miroitements, des figures renversées.*

Eaux en mouvement *d'abord : mouvement simple de l'écoulement perpétuel ou de la vague qui pousse la vague,* « *onde dessus onde* » *(d'Urfé) ; mouvement double et contradictoire de la poursuite et de la fuite en un être qui ne se meut qu'en différant de lui-même :*

Ruisseau qui cours après toy-mesme,
Et qui te fuis toy-mesme aussi.

SAINT-AMANT

Eaux... Vous qui toujours suivez vous-mesmes
[fugitives.

RACAN,

mouvement complexe du tournoiement des « *cercles ondoyans... se perdans l'un dans l'autre à mesure qu'ils croissent* » *(Saint-Amant), ou des tourbillons de l'eau bouillonnante tels qu'on les voit dans un sonnet de Scudéry ; eaux jaillissantes enfin des parcs et des grottes,*

D'un cristal bondissant et de perles liquides

dont La Fontaine ou Scudéry disent les « caprices infinis » et l'aptitude à prendre « plus de cent formes différentes ».

En second lieu, les eaux miroitantes. *La sensibilité baroque semble ici à vif, tant elle s'y montre heureuse et inventrice. La conjonction des motifs de l'eau et du miroir est en effet singulièrement fécondante pour une imagination portée à vibrer au contact de la mobilité, du reflet, de l'illusion et du mélange ; or, ce double motif lui offre tout cela à la fois : un « miroir flottant », un « miroir qui coule » (Saint-Amant), dans lequel le monde se renverse en une confusion qui séduit pour être née de l'incertitude éprouvée devant deux images dont on ne sait laquelle est le reflet ; plaisir pris à douter, à se tromper sur des identités changeantes, qui se prolonge en un plaisir supérieur, celui de prendre la figure pour la réalité, l'apparence pour l'être, le théâtre pour la vie ; ivresse toute proche de celle qu'on demandait alors aux voûtes peintes de Pierre de Cortone et du Père Pozzo, aux décors en trompe-l'œil, aux Sosies, à la pièce insérée dans la pièce : le vertige de l'illusion, la réussite de la belle tromperie, ou des « douces impostures », pour reprendre le terme d'un des poèmes les plus goûtés au* XVIIe *siècle, la* Métamorphose des yeux de Philis en astres, *poème oublié, mais qui n'a pas laissé insensible le jeune Racine. On en jugera en lisant côte à côte ces textes ; si brillants qu'ils soient, je présume cependant que le lecteur moderne leur préférera le surprenant palais nocturne de Desmarets, deux fois répété par son ombre renversée sur le sol et par son image dans l'eau des bassins :*

O tromperie aimable ! O jeu de la nature !
Est-ce une vérité ? n'est-ce qu'une peinture ?
Ensemble en trois façons ce palais se fait voir,
En soy-mesme, en son ombre, et dans ce grand
[miroir,
Où tout est à l'envers...

Ou bien l'admirable rêverie au bord de l'eau de Le Moyne, le premier lyrique du siècle :

Il aime à voir nager les coulantes images
Des arbres, des troupeaux, des oyseaux, des nuages...

Figure d'un monde dont les prestiges sont faits d'« ombres mobiles » et d'« images volatiles ».

IV. — DE LA MÉTAMORPHOSE A L'ILLUSION

Quand le fond d'une expérience intérieure est l'intuition de l'inconstance et de la variation, l'artiste est enclin à tout traduire en termes de métamorphose, il se porte d'instinct vers ce qui la confirme et l'exprime : dans l'histoire humaine, la naissance et la fin du monde, le chaos originel et la résurrection des corps ; dans la vie spirituelle, le miracle ou la conversion, dont les Madeleines de la peinture et de la poésie sont à l'époque les inévitables modèles ; dans la nature, les commencements, à l'instar de cette naissance d'une rose dont Bussières développe les transformations imperceptibles ; ce seront enfin les métamorphoses proprement dites, pour lesquelles on puise à pleines mains dans le toujours jeune réservoir d'Ovide, en insistant de préférence sur l'acte même de la mutation, sur ces phases intermédiaires où Actéon n'est plus homme et n'est pas encore cerf (Le Moyne) ; ou bien, en manière d'accompagnement plaisant dans la lignée des folastries, les satyriques se prêteront aux libres extravagances d'une rêverie où tout semble possible, tel Auvray s'offrant la fantaisie d'un bonnet indéfiniment muable qui « prenait toute figure » ou celle d'un pourceau imaginaire *tantôt pesant, tantôt volant, et revêtant « autant de formes que Prothée ».*

Si le Baroque se définit essentiellement par l'union du mouvement et du décor, on ne saurait concevoir la métamorphose sans le déguisement. On n'est pas en plein Baroque quand l'un va sans l'autre, et que fait défaut leur union étroite et vivante ; à toujours changer, il ne se peut que l'homme ne perde son identité et ne recoure à des êtres d'emprunt. On verra donc succéder logiquement aux poèmes de la métamorphose un ensemble groupé sous l'étiquette Déguisement, *et placé sous les auspices du Paon, emblème de la parade, de l'ostentation, de la représentation fastueuse. Le paon est chargé d'introduire un cortège de masqués : courtisans, amoureux, femmes fardées. Parmi ces déguisés, on distinguera ceux qui le sont par une opération de l'esprit poétique :* Belles Gueuses, Belles en deuil, Belles Mores... ; *ce thème mariniste fut un peu partout l'occasion d'exercices de virtuosité dont le succès ne s'expliquerait pas en dehors de ce goût très particulier du masque et du théâtre de la surprise ; le jeu consiste à présenter, dans le titre comme dans le texte, un personnage paradoxal, qui est autre qu'il ne paraît : beau quoique malade, ou mendiant, ou noir, ou laid. Ainsi que le disent Tristan ou Chevreau après le Cavalier Marin,*

L'Amour s'est déguisé sous l'habit de la Mort.

Avec les conflits de l'être et du paraître, on touche, quelle que soit la solution préférée, à un débat central tout au long du siècle.

Du déguisement à l'illusion, du paraître au songe, on passe aisément et sans rupture. L'homme « baroque » construit en soi ou autour de soi un monde imaginaire, dans lequel il s'installe comme en un monde plus réel, non sans garder par devers soi une certaine conscience de vivre un mirage ; je viens précisément de définir le théâtre, au sens que lui donne généralement le XVIIe *siècle ; qu'on veuille bien se rappeler les nombreuses pièces qui mettent un théâtre sur le théâtre et une ou plusieurs pièces dans la pièce. C'est en ce sens également qu'il faut entendre le thème de « la vie est un songe », tel qu'il est conçu à l'époque. On suppose un monde pour convaincre d'irréalité le monde réel aussi bien que celui qu'on lui substitue. On édifie pour dire la fragilité de l'édifice. Illusion et rupture de l'illusion : selon maints critiques étrangers, en tête desquels se place le grand Spitzer, on tiendrait dans cette formule la définition même du Baroque. Si la définition n'enveloppe à mes yeux qu'une partie du défini, on en reconnaîtra la justesse à la lecture de plusieurs textes de cette section ; je pense en particulier au sonnet de la pipe de Saint-Amant, aux* Visions *de Saint-Amant encore et de Tristan, ou aux divers poèmes de l'ivresse et du vertige.*

Le symbole de cet esprit d'illusion pourrait être le prisme de verre invoqué par Nicole. Janséniste anti-baroque, mais très proche des prestiges qu'il veut exorciser, Nicole se pose ici en critique d'une maladie spirituelle, d'une défaillance de l'homme corrompu, incapable de voir le monde, si ce n'est par ce verre coloré, cette vitre déformante, figure d'une imagination trompeuse : « Le seul changement des rayons de notre vue bouleverse à notre égard toute la nature » ; que le prisme tourne, et voilà l'univers qui se transforme ; la vision objective nous est refusée. On trouvera sans doute « quelque beauté dans cette diversité de couleurs ; mais la pensée que ce n'est qu'une apparence » doit nous faire suspecter ce producteur de mirages, qui n'est autre que notre cœur :

« *Le cœur est ce milieu qui altère la couleur naturelle des objets, et qui nous les fait paraître autres qu'ils ne sont en effet* [1] ».

*On conviendra que nul n'était plus apte à clore ce chapitre que le dramaturge de l'*Illusion comique, *le poète de l'ostentation, de la volonté de paraître autre et plus grand qu'on n'est, le créateur de tant de personnages acharnés à se déguiser et à se donner en représentation à eux-mêmes et à autrui.*

On remarquera que chacune des trois sections de ce chapitre se termine par une référence au théâtre : le sonnet de Voiture sur la Comédie des machines, *spectacle à grandes métamorphoses scéniques, les stances de Tristan ébauchant le* Sujet de la Comédie des fleurs, *et deux fragments de Corneille. On y verra la confirmation de l'extrême proximité de la métamorphose, du déguisement, de l'illusion et du spectacle baroque.*

V. — LE SPECTACLE DE LA MORT

Le sentiment de la mort, s'il est très fort au XVIIe *siècle, ne lui appartient évidemment pas en propre ; ce qui est particulier à un large courant de son art, c'est l'expression mouvementée et théâtrale que prend cette hantise ; c'est que l'homme s'y donne volontiers le spectacle de la mort, et souvent le spectacle de sa propre mort.*

Le fait est bien connu des historiens de l'art, du théâtre, de la spiritualité : le squelette, le crâne, les ossements participent, en des mises en scène animées, aux fêtes dramatiques et aux obsèques solen-

1. — Le Traité du Prisme, *au tome V des* Essais de Morale, *éd. de Paris, 1715, p. 67 ss.*

nelles, ils envahissent, dans le sillage de la méditation jésuite, l'imagerie dévote et la décoration des églises. Le Cimetière des Capucins et les tombeaux du Bernin sont à Rome les exemples les plus brillants de cet art qui associe la prédication pathétique et le jeu théâtral dans des formes fluctuantes et emportées. On vise à présenter, à représenter la mort comme un personnage vivant et surgissant, comme un danseur omniprésent ; on dévoile, sous le mensonge de la chair, la vérité du squelette ; les vrais morts, nous dit Gracian, ne sont pas les cadavres dans les fosses, « ce sont ceux qui marchent sur leurs pieds et qui, partout, vont parmi nous... ». Tel est le sens de ces singulières anamorphoses, ou portraits doubles d'un visage qu'il suffit de retourner pour le voir se changer en tête de mort : la réalité n'est qu'apparence, et l'apparence se dissipe pour peu que se modifie le point de vue ; on reconnaît alors dans le visage un masque et dans la vie un déguisement, si muable qu'un léger mouvement le fait passer de vie à mort.

La poésie ne reste pas étrangère à cette grande fête funèbre : Stances de l'amant désespéré chez Agrippa d'Aubigné, qui s'enferme dans « une chambre peinte De mil os blanchissans et de testes de morts », Derniers vers de Ronsard qui se regarde périr, sonnets de la mort où le jeune Chassignet contemple son portrait dans un corps qui se décompose,

Je me présente icy comme une anatomie...,

méditations sur le Memento homo de Lazare de Selve et de Pierre Motin. Cette poésie fascinée par le squelette et la tête de mort est le plus souvent une poésie religieuse, fortement orientée vers la réflexion sur les fins dernières et la destinée spirituelle de l'homme. Elle conduit directement à une poésie expressément chrétienne, que stimule la diffusion de nouvelles méthodes de prière et d'ascèse inspirées par la Contre-Réforme dès la fin du XVIe siècle. On lui *doit l'abondante floraison de méditations sur la Passion et la Croix, où s'illustrent en premier lieu l'âpre et puissant La Ceppède, et à côté de lui Lazare de Selve, Nostredame, Auvray, Zacharie de Vitré ; dans un style violent, tourmenté, travaillé, riche en symboles et en paradoxes, ces poètes contemplent avec une sombre prédilection et dans tous leurs détails les plaies, les tourments du Christ en son agonie, qu'ils imaginent et revivent afin de l'imiter. « J'ensanglante ces carmes » : ce mot de La Ceppède est valable pour l'ensemble de ces sonnets cruels.*

A ce théâtre de la mort, il faut joindre, pour n'être pas incomplet, la représentation que l'on se donnait de sa propre mort. La Madeleine au miroir *de Georges de La Tour et ses émules littéraires n'ignoraient pas l'une des dispositions des* Exercices spirituels : « *Considérer comme si j'étais sur le point de mourir...* ». *A cet art de se regarder comme si l'on était un autre, pour assister, ainsi que Miguel Manara, à ses propres funérailles, nous devons les beaux textes de Gody et de Patrix qui conduisent à sa perfection, ou à son comble, le spectacle de la mort.*

On assiste, à travers ces recueils si nombreux, à la création d'un type nouveau de poésie religieuse : une poésie de la méditation dévote, au sens très précis que cette pratique d'oraison empruntait alors aux Exercices spirituels, *dont la troisième semaine était consacrée au drame de la Passion ; l'appel à l'imagination, l'invite faite au retraitant de se représenter la scène comme s'il y assistait, ne pouvaient manquer de retentir fortement sur la poésie religieuse. Un ouvrage récent* [1] *a montré que cette spiritualité, propagée jusqu'en Angleterre, avait agi non seulement*

---

1. — Louis L. Martz, The Poetry of Meditation, A study in english religious literature of the 17 th century, *Yale University Press, 1954.*

sur Crashaw, mais sur des poètes protestants comme Donne et Herbert, qui se trouvent ainsi apparentés, sans les connaître, aux poètes français recueillis dans ce chapitre.

Ces lyriques de la mort posent, avec quelle intensité, les questions dernières. La fête macabre et la méditation funèbre nous mènent droit à l'ultime étape de cet itinéraire : la rencontre avec la permanence, la vision de l'invisible.

VI. — LA NUIT ET LA LUMIÈRE

Le présent qui pour nous s'écoule comme l'eau
D'un pied ferme et constant devant Toy se repose,
Rien pour Toy ne vieillit et rien ne t'est nouveau...

MARTIAL DE BRIVES

De l'inconstance à la constance, de la fuite au repos, du temps à l'éternité, le trajet parcouru implique un déplacement progressif et enfin un renversement du point de vue : le regard qui se portait à l'origine sur le monde humain à partir de la transcendance divine pour en dégager l'inconstance et l'instabilité se tourne maintenant vers cette transcendance, telle que peut la saisir une connaissance créée. Connaissance inachevée, connaissance à tâtons, qui rejoint la tradition de la vision dans la nuit, de la vision mystérieuse d'un être simultanément objet de connaissance et réfractaire à toute connaissance. Aussi cette expérience est-elle dite nocturne, ce Dieu est-il nommé lumière et en même temps ténèbre, « la Ténèbre plus que lumineuse du Silence », selon les termes de l'Aréopagite, auxquels se rattachent expressément les mystiques et théologiens mystiques du XVIIe *siècle, ainsi que les poètes nourris de cette tradition, rénovée à l'époque par les Rhénans et les Espagnols : Hopil, Martial de Brives, Brébeuf, Labadie, Mme Guyon...*

Tout mystique vit un paradoxe, puisqu'il prétend saisir ce qui échappe à toute saisie, penser ce qui ne se pense pas, voir l'invisible. De là l'expression nécessairement paradoxale de toute relation mystique, qui ne peut énoncer sans nier l'énoncé : « *claire obscurité* », « *sombre lumière* ». *Ces couples de contraires simultanés abondent chez ces poètes :*

Au rayon ténébreux où se cache l'Essence,
Dans l'obscurité claire où loge le silence,
J'entrevois...

HOPIL

Un rayon sombre et clair

MALAVAL

O Rayon ténébreux d'une immense clarté,
O nuit ! ô torrent de lumière...

Mme GUYON

Ce qui est plus particulier aux poètes ici recueillis, c'est le fréquent recours à un type d'images plus conforme à la démarche tâtonnante et au goût des contours incertains, des formes qui s'interpénètrent : les images englobant à la fois la lumière et l'ombre, le voile et la chose voilée bien qu'entrevue : brouillard, nuage, fumée, nuée, ombre, aurore... Nous rencontrons ainsi une fois encore, mais dans un tout autre contexte, avec une signification nouvelle, les symboles si chers à la sensibilité baroque :

O brouillard lumineux ! lumière inaccessible...
O soleil du soleil...
... Je le vis sans le voir
Dans un beau trône d'or ayant pour sa ceinture
Un grand nuage noir...

HOPIL

Mes clartés sont des torches funèbres

BRÉBEUF

O brasier caché sous la cendre

Mme Guyon

Ceux-ci mettent l'accent sur la lumière voilée, d'autres le mettront sur l'éblouissement du soleil divin qui obscurcit tout ce qui n'est pas lui :

Beaux séjours, loin de l'œil, près de l'entendement...
Au prix de qui le jour est un ombrage sombre.

Sponde

Fond de toute lumière, immanquable Soleil...
Fontaine de clarté, près qui nostre lumière
N'est qu'un air épaissi de nue et de poussière.

Labadie

A vrai dire, ce lyrisme métaphysique nous achemine aux frontières extrêmes du Baroque, parfois au delà même de ces frontières : l'air se raréfie, les images se simplifient, l'esprit se dénude, le mouvement s'apaise ; on tourne le dos au monde de l'instable et à ses symboles sensibles pour s'élever vers l'inaltérable. Encore un pas, et on se trouve par-delà le Baroque. On s'y replonge une dernière fois avec Le Moyne et ses hymnes de la lumière créatrice, où les rayons et les flammes sont traités dynamiquement comme des forces qui se propulsent et se déploient dans le poème aussi bien que dans l'univers, un poème et un univers de la dilatation, du tournoiement continus.

D'UN STYLE BAROQUE

A l'intuition d'un monde instable et mouvant, d'une vie multiple et inconstante, hésitant entre l'être et le paraître, portés au déguisement et à la représentation théâtrale, correspondent, sur le plan de l'expression et des structures, une rhétorique de la métaphore et de la belle tromperie, une poétique de la surprise et de la diversité, un style de la métamorphose, du déploiement dynamique, de la dispersion dans l'unité.

Pour produire l'effet recherché de mouvement et d'expansion, d'action toujours recommençante et toujours inachevée, de perpétuelle mutation au sein de l'œuvre, l'artiste baroque aura recours à divers moyens stylistiques : formes complexes et ouvertes, effacement des articulations, construction sur plusieurs plans, équilibres instables dus à la multiplicité des perspectives, des centres organisateurs, des registres de pensée et d'image. Je voudrais analyser brièvement à titre d'exemple, un ou deux emplois de l'image poétique.

On admettra une relation privilégiée entre la métaphore et le Baroque, celui-ci se développant dans l'univers de l'analogie issu de la Renaissance et contesté au XVIIe *siècle par la « nouvelle science ». Il serait certes abusif de voir du baroque dans tout métaphorisme : la métaphore pindarique ou symboliste ou surréaliste est d'une tout autre nature. Le Baroque a partie liée avec certains types complexes de métaphores : la métaphore de déguisement et la métaphore de mouvement.*

La première se présente comme une énigme ; elle communique en dissimulant, elle enveloppe son propos dans une construction ingénieuse ; elle relève d'un esprit très répandu au XVIIe *siècle, pour qui la perfection du bien dire est de ne pas nommer les choses par leur nom, mais de les signifier à l'aide de substituts éloignés. On offre une idée en la dérobant sous une autre. Ce goût du masque, que nous avons déjà rencontré plus d'une fois en cours de route, conduit en poésie à la pointe, au concetto, à l'agudeza loués par Gracian, Tesauro ou Cyrano de Bergerac ; celui-ci en donne de brillantes applications : le cyprès est tout à la fois un lézard tourné la queue en haut, une flèche, un clou, un dragon, une rivière fixe qui coule dans l'air, une pique allumée dont la flamme est verte. Il y a là du jeu, un jeu qu'on pratique avec un mélange d'ironie et de sérieux ; il répond à un besoin de plaire en se grisant, de dire en surprenant, de montrer en se déguisant ; il peut mener à des découvertes, à des tentatives neuves sur le langage. Le plus bel exemple de ce jeu international, c'est la métaphore de l'oiseau « violon ailé, voix emplumée, son volant », qui se voit chez Marino, Gongora, Calderon, Quevedo* [1] *et dans maints textes de cette anthologie, de tendance « mariniste » : Saint-Amant, Tristan, Martial de Brives, Du Bois-Hus, Le Moyne, Pierre de Saint-Louis. L'analyse du mécanisme de ce tour fait apparaître un curieux renversement de l'ordre normal de construction lié à la suppression du support logique — l'oiseau —, qui ne subsiste plus, dans l'épithète, que d'une manière indirecte et allusive. Ainsi s'obtient un équivalent rhétorique du masque.*

On aura constaté, sur les deux exemples proposés, que la métaphore ne va jamais seule ; elle est multiple ; ce sont des chaînes, des entassements, des pyramides, ou des avalanches de métaphores, obéissant à une volonté de profusion, de gonflement, de dynamisme expressif. En procédant de la sorte, l'artiste obtient une structure ouverte, en voie de croissance sous les yeux du lecteur ; c'est du moins l'impression qu'il doit éprouver ; le poème semble se faire ; il se développe comme un ensemble animé d'un mouvement de propagation ; les images s'engendrent en chaîne, se substituent les unes aux autres, de façon à donner au poème l'aspect d'une métamorphose continue, émanant d'une imagination incapable d'épuiser d'un seul regard un objet toujours fuyant. Quelques vers de Le Moyne me feront comprendre :

---

1. — Cf. Curtius La littérature européenne et le moyen âge latin, *trad. franç. Paris, 1956, p. 340-342.*

Les perles, ces larmes caillées,
Qui tombent des yeux du soleil...
Ouvrent leurs nacres émaillées;
Ce sont dc palpables rayons,
Des boutons de jour frais et rons,
Et des éclairs mis en matière;
Ce sont des cœurs tombez des cieux,
Des âmes de pure lumière,
Des esprits blancs et précieux...

(L'Isle de pureté)

Ou cette strophe de Martial de Brives :

Anges sans forme et sans matière,
Clairs atomes d'éternité,
Nombres proches de l'Unité,
Fruits de flamme et fleurs de lumière,
Feux animez, rayons vivans,
Zéphirs de gloire, augustes vents,...

Dans ces exemples, la multiplicité est successive : une suite d'images juxtaposées. Elle peut être progressive : le système métaphorique se développe alors à partir d'un germe, d'une image-mère dont l'activité génératrice se comporte à la façon d'un organisme vivant, croissant et se déployant de proche en proche. Témoin, ce quatrain de Claude Hopil :

Mon cœur est un oiseau et s'il avait des ailes,
Il volerait aux cieux;
Il vole doucement, comme les colombelles,
Aux trous mystérieux.

« Mon cœur est un oiseau... », voilà le noyau, la métaphore-germe; elle enfante l'image ailes, *puis, modulant de l'optatif à l'indicatif de réalité, elle se prolonge en* vol *et* colombes, *pour aboutir aux* trous

dans la muraille, figurant le sein de Dieu où ce cœur-oiseau trouvera son nid [1].

On aura l'occasion, dans les textes qui suivent, d'observer plusieurs variétés de métaphores de déguisement et de mouvement; elles comptent au premier rang parmi les critères de style qui ont réglé mon choix. Tous les poèmes retenus n'obéissent sans doute pas à l'esthétique dont je viens d'ébaucher l'analyse; mais ceux qui s'y conforment sont, à mes yeux, les vrais exemples d'un art littéraire baroque.

Je ne m'expliquerai pas davantage sur le parti adopté, dont je vois bien les inconvénients : dispersion des œuvres d'un même poète, parfois d'un même recueil, dans plusieurs sections; utilisation de ces textes au service d'un plan d'ensemble; exclusion ou inclusion de poèmes ou de poètes qui pourront surprendre. Tels auteurs sont absents ou peu représentés : Malherbe, Théophile, Régnier, Racan, Bertaut...; est-il besoin de dire que ces absents n'ont nul tort? Simplement, ils m'ont paru relever, pour l'essentiel, d'une sensibilité et d'un art différents de ceux que j'ai voulu présenter. Et puis, sans éliminer systématiquement les grands noms et les œuvres connues, j'ai souvent donné la préférence aux oubliés, négligés et méconnus. Si une édition de ce genre peut avoir quelque utilité, c'est précisément dans la mesure où elle contribue, tout en définissant une expérience et une imagination, à ouvrir des perspectives inédites sur une période littéraire, à préparer des révisions, à réparer certains dénis. Les débats sur le Baroque auront alors prouvé leur vertu et dépassé la simple querelle de mot.

1. — Sur cette question, que je ne puis qu'effleurer ici, je me permets de renvoyer à mon article La métaphore dans la poésie baroque au temps de Malherbe *paru dans* « XVIIe *Siècle* », *avril 1956 (numéro consacré à Malherbe).*

*Parmi les révisions souhaitables, il en est une qui semble proche. Le XIX*e *siècle n'a vu dans l'art baroque qu'emphase et mensonge; on a beaucoup parlé, on parle encore d'outrance, d'irrégularité, de désordre et, bien sûr, de mauvais goût. On commence à reconnaître qu'il existe un goût baroque, un ordre baroque. A ceux qui en douteraient encore, puis-je recommander, avant de lire cette anthologie, de prendre le chemin de Saint-Yves de la Sapience ou du Palais Barberini? Je ne vois pas de meilleurs intercesseurs que Borromini ou Pierre de Cortone, créateurs d'un ordre mouvant et délicieusement camouflé, d'un enchantement qui combine les pouvoirs de la dispersion et de l'unité, de l'architecture et du songe, artistes habiles, à l'instar des poètes qu'on va lire, à me convaincre que je ne suis rien en multipliant mes puissances d'extase sensible, virtuoses obstinés à définir mon essence par de fuyantes apparences.*

JEAN ROUSSET

SOMMAIRE

Le tome premier contient les trois premières parties, le tome second les trois dernières. Les références des poèmes cités ainsi que les notes de commentaire ou d'explication se trouvent à la fin de chacun des deux tomes ; elles sont suivies d'une table des matières où figure la liste des titres des poèmes contenus dans le tome. Les repères chronologiques, la bibliographie générale et l'index des poètes cités (avec des indications bibliographiques pour chaque poète) sont placés à la fin du second tome.

Les titres des poèmes sont tantôt ceux de l'auteur, et ils sont composés en romain ; tantôt ceux du présentateur, et ils sont alors composés soit en italique s'ils sont constitués par un fragment de vers, soit plus rarement en romain, mais placés entre crochets, s'ils sont entièrement dus au présentateur.

PROTÉE

OU L'INCONSTANCE

Vous y verrez de tous costez
De toutes sortes de beautez,
Dont l'ame sans cesse agitée
Ne se peut comparer qu'au vent,
Et je croy que vostre Protée
Ne se change pas si souvent.

LINGENDES

1

L'Inconstance Noire

CHANGEA COMME IL VOULUT

Vertonme estant bruslé d'un feu tel que le mien
Pipé qu'il fust des yeux de la nymphe Pomone,
Pour amolir le sein de sa dame felonne,
Changea comme il voulut, de forme et de maintien,

Mais helas, mon pouvoir n'est tel que fust le sien !
Il se habilla en vieille à la teste grisonne,
Et puis en Adonis, et lors jouyt Vertonme
De ce qu'il adoroit pour son souverain bien.

Je suis bien seur d'un poinct : vous n'aimez pas, déesse,
Le front ensillonné d'une froide vieillesse,
Un marcher tremblottant, deux yeux pasles, ternis.

Si j'estoy en ma forme inconstant et muable,
Je formeroy' mon corps pour le faire amiable,
Comme mon ame est belle, il seroit Adonis.

D'Aubigné

RIEN N'EST ICY CONSTANT

... Quiconque a remarqué comme une seule masse
De cire peut changer cent et cent fois de face,
Sans croistre ny decroistre, il comprend aisement
De ce bas univers l'assidu changement.
La matiere du monde est ceste cire informe,
Qui prend sans se changer toute sorte de forme.
La forme est le cachet, et le grand Dieu vivant,
Le juste chancelier, qui, nuict et jour gravant
Ses grands et petits seaux dans ce corps si muable,
Rend une mesme masse or' vile, or' honorable.
Rien n'est icy constant : la naissance et la mort
President par quartier en un mesme ressort.
Un corps naistre ne peut qu'un autre corps ne meure,
Mais la seule matiere immortelle demeure,
Tableau du Tout-puissant, vray corps de l'univers,
Receptacle commun des accidents divers,
Toute pareille à soy, toute en soy contenue,
Sans que le vol du temps l'accroisse ou diminue,
Immuable d'essence, et muable de front,
Plus que n'est un Prothee, et plus qu'encor ne sont
Les poulpes cauteleux, qui sur l'ondeux rivage
Changent pour butiner chasque heure de visage.
Telle que le François, qui guenon affeté
Des estrangeres moeurs, se paist de nouveauté,

Du Bartas

Et se mue, inconstant, si souvent de chemise
Que de ses vains habits la façon il desguise.
Telle qu'une Laïs, dont le volage amour
Voudroit changer d'ami cent mille fois le jour,
Et qui n'estant à peine encore deslacee
Des bras d'un jouvenceau, embrasse en sa pensee
L'embrassement d'un autre, et son nouveau plaisir
D'un plaisir plus nouveau luy cause le desir.
Car la matiere ayant d'un amour variable
Espoinçonné le coeur, mais n'estant point capable
De prendre tous pourtraits en une mesme part,
Et dans un mesme temps, elle reçoit à part
Figure apres figure, en sorte qu'une face
S'efface par le trait qu'une autre face efface.
Le principal motif de ces evenemens
Est le mortel discord de nos quatre elemens
Qui d'un repos haineux par ordre s'entremangent,
Et comme neige et flots l'un en l'autre se changent,
Fils et peres d'eux mesme...

Du Bartas

COMME L'OMBRE FRAGILE

Comte les ans, les mois, les heures et les jours
Et les poins de ta vie, et me dis, mal-habile,
Où ils s'en sont allez; comme l'ombre fragile
Ils se sont escoulez sans espoir de retours.

Nous mourons et nos jours roulent d'un viste cours
L'un l'autre se poussans, comme l'onde labile
Qui ne retourne point, mais sa course mobile
D'une mesme roideur precipite tousjours;

Tousjours le tems s'enfuit, et n'est point reparable
Quand il est despensé en euvre dommageable,
L'usant et consumant en travail superflus.

Nos jours ne sont sinon qu'une petite espace
Qui vole comme vent, un messager qui passe
Pour sa commission, et ne retourne plus.

Chassignet

COMME LA FLEUR

A beaucoup de danger est sujette la fleur,
Ou l'on la foule au piez ou les vens la ternissent,
Les rayons du soleil la brulent et rotissent,
La beste la devore, et s'efeuille en verdeur;

Nos jours entremeslez de regret et de pleur
A la fleur comparez comme la fleur fleurissent,
Tombent comme la fleur, comme la fleur perissent,
Autant comme du froid tourmentez de l'ardeur.

Non de fer ny de plomb, mais d'odorantes pommes
Le vaisseau va chargé, ainsi les jours des hommes
Sont legers, non pesans, variables et vains,

Qui laissant après eus d'un peu de renommee
L'odeur en moins de rien comme fruit consommee
Passent legerement hors du cœur des humains.

Chassignet

UNE ATTENTE MUABLE

La vie est du futur un souhait agreable,
Et regret du passé, un desir indomté
De gouster et taster ce qu'on n'a pas gousté,
De ce qu'on a gousté, un degoust incurable;

Un vain ressouvenir de l'estat desirable
Des siecles jà passez, du futur souhaitté
Un espoir incertain, frivolement jetté
Sur le vain fondement d'une attente muable;

Une horreur de soy-mesme, un souhait de sa mort,
Un mespris de sa vie, un gouffre de remort,
Un magasin de pleur, une mer de tempeste,

Où, plus nous approchons du rivage lointain,
Plus nous nous regrettons, et lamentons en vain
Que le vent ait si tost nostre course parfaitte.

Chassignet

LE TEMPS N'EST QU'UN INSTANT

Le temps n'est qu'un instant lequel toujours se change,
Le temps n'est qu'un instant lequel dure toujours,
Il dure en se changeant sans avoir ans ny jours,
Puisque ce n'est qu'un poinct, mais un Prothée estrange.

Le passé n'est plus rien, que la Mort qui se vange,
De ne pouvoir du temps entrerompre le cours,
L'advenir n'a point d'estre, et par mille destours
Va, finet, décevant quiconque à luy se range.

Que si le temps plus long n'est autre qu'un instant,
A quoy vous sert, mortels, de vouloir vivre tant,
Sinon pour d'un instant allonger vostre vie?

Qu'entreprenez-vous donc par vos si longs apprests?
Nature en un instant n'a ses miracles prests,
Dieu seul pour vous sauver d'un seul instant vous prie.

Favre

ANTITHÈSE DE L'HOMME INCONSTANT

Tandis que ta raison chancelle entre deux vents,
Et que toujours ton âme en soy-mesme dispute,
Qu'elle avoue tantost, tantost elle réfute,
Qu'elle entre mille fois, et ressort des couvens,

Hélas ! esprit fondé sur les sablons mouvans
Cent mille fois le jour qui fais la culebutte,
Vois-tu pas que jamais tu n'atteins à la butte,
Que tes pensers sont flots qui se vont poursuivans ?

Tu flottes sans repos et tu discours sans cesse,
Tu cours sans t'arrester çà et là sans adresse,
Et tu ne conclus rien, ou si rien tu conclus,

C'est un arrest volage aussi léger que plume,
Arrest que tu vivras toujours à ta coutume :
Sans arrest, inconstant et de raison perclus.

Levasseur

EN FORME D'UN PROTHÉE

O miserable vie ! icy bas agittee
Comme sont les vaisseaux errans dessus les flots,
Subjette au trait fatal de la fiere Atropos,
Des lasches ignorans si chere et souhaittee.

Un chacun se propose en son ame flattee,
De posseder son bien, d'en jouir en repos,
Mais leur espoir s'enfuit au vent de ces propos :
Car le temps nous abuse en forme d'un Prothee.

O vie ! ô triste mort ! en langueur finissant,
Rude, fiere et tragique en son reigne glissant,
Vie en fin que le temps, et la fortune envie,

Quand nous te regrettons, helas ! nous avons tort,
Veu qu'il n'est rien icy de moins seur que la vie,
Ni de plus assuré que l'arrest de la mort.

La Roque

COMME UN CAMÉLÉON

... Mais las qu'est-ce de nous! Faut-il que la jeunesse
S'achoppe à tant d'escueils et s'agite sans cesse,
Inconstante en son choix, sujette au changement,
Tu vas, tu viens, tu cours, folle, sans jugement,
Tu portes chaque jour tes volontez au change,
Aujourd'huy l'un te plaist, demain tu t'en estrange,
Comme un cameleon change aux nouveaux objets,
Ainsi ton esprit change au change des subjets.
Le monde ne m'est rien, ailleurs j'ay mon attente,
Il faut se retirer, c'est trop, je m'en contente.
Nostre chair n'est que foin, qui le matin verdit
Et le soir devient sec, se froisse et se flestrit...

Angot de l'Eperonnière

AUX OMBRES DE DAMON

L'Orne comme autre-fois nous reverroit encore,
Ravis de ces pensers que le vulgaire ignore,
Esgarer à l'écart nos pas et nos discours,
Et couchez sur les fleurs comme estoilles semées,
Rendre en si doux ébat les heures consumées,
Que les soleils nous seroient cours.

Mais, ô loy rigoureuse à la race des hommes !
C'est un point arresté, que tout ce que nous sommes,
Yssus de peres Roys et de peres bergers,
La Parque également sous la tombe nous serre,
Et les mieux établis au repos de la terre
N'y sont qu'hostes et passagers.

Tout ce que la grandeur a de vains équipages,
D'habillements de pourpre, et de suitte de pages,
Quand le terme est écheu n'alonge point nos jours;
Il faut aller tous nus où le destin commande,
Et de toutes douleurs, la douleur la plus grande
C'est qu'il faut laisser nos amours....

Malherbe

LE SONGE D'UNE NUICT

... Voila la girouette où tournent nos désirs,
Le sable où nous jettons l'anchre de nos plaisirs,
L'onde où nous batissons nos folles esperances,
L'air où nous escrivons l'orgueil de nos puissances,
Voila que c'est du corps que tant nous cherissons,
Voila ce petit ver que tant nous caressons,
Ce poulpe monstrueux qui soy-mesme se ronge,
Ce fetide bourbier où nostre ame se plonge,
Cet opaque brouillard qui cache sa splendeur,
Ce charbon qui noircit sa celeste candeur,
Ce tison de peché qui la brusle et l'enflame;
Bref, le corps n'est sinon que la prison de l'ame,
Son tyran, son forcat, son meurtrier, son bourreau,
Son lict contagieux, son gouffre, son tombeau.
L'homme est tant obligé à la vicissitude
Qu'il n'a rien plus certain que son incertitude,
Brusquement agité par les ressorts divers
Qui excitent le branle à ce grand Univers;
C'est un fresle vaisseau sur le dos de Neptune,
C'est un verre fragile aux mains de la Fortune,
Une ampoule au ruisseau, un ombre qui s'enfuit,
La bourre d'un chardon, le songe d'une nuict...

Auvray

HÉLAS ! QU'EST-CE DE L'HOMME... ?

Helas ! qu'est-ce de l'homme orgueilleux et mutin ?
Ce n'est qu'une vapeur qu'un petit vent emporte,
Vapeur, non, une fleur qui éclose au matin,
Vieillit sur le midy, puis au soir elle est morte.

Une fleur, mais plustost un torrent mene-bruit
Qui rencontre bien-tost le gouffre où il se plonge ;
Torrent, non, c'est plustost le songe d'une nuict,
Un songe ! non vrayement, mais c'est l'ombre d'un songe.

Encor l'ombre demeure un moment arresté,
L'homme n'arreste rien en sa course legere ;
Le songe quelquesfois predit la vérité,
Nostre vie est toujours trompeuse et mensongere.

Maint torrent s'entretient en son rapide cours,
On ne void point tarir la source de son onde,
Mais un homme estant mort, il est mort pour tousjours,
Et ne marche jamais sur le plancher du monde.

Bien que morte est la fleur, la plante ne l'est pas,
En une autre saison d'autres fleurs elle engendre ;
Mais l'homme ayant franchy le sueil de son trespas,
Les fleurs qu'il nous produit sont les vers et la cendre.

Auvray

Aussi tost que du vent le bourasque est passé,
La vapeur se rejoint estroitement serrée;
Mais quand la pasle mort son dard nous a lancé,
Nostre ame est pour long-temps de son corps séparée.

Qu'est-ce de l'homme donc qui tant est estimé?
Ce n'est rien, puisque rien si leger ne nous semble,
Ou si c'est quelque chose, il sera bien nommé
Vapeur, fleur, torrent, songe, ombre, et rien tout ensemble.

Auvray

AU MOUVANT DE CE MONDE

... Non, non, cercher du ferme au mouvant de ce monde,
C'est appuyer ses pieds sur une boule ronde,
Traverser l'occean dans un batteau percé,
Se tenir a la mousse, et luitter sur la planche,
Se suspendre au filet, voltiger sur là branche,
Et courir (indiscret) sur un pendant glacé.

Le soleil des honneurs souffre tousjours eclypse,
Au miel des voluptez, le fiel du mal se glisse,
L'endroit de la Fortune a tousjours son envers;
L'on ne trouve jamais de calme sans tourmente,
De roze sans espine, et de mont sans descente,
Ny de medaille encor qui n'aye son revers...

Auvray

UN COMPOSÉ DE LUMIÈRE ET DE FANGE

ARISTE : Qui je suis? je m'en vais te l'apprendre :
Un sujet merveilleux fait d'une ame et d'un corps,
Un pourceau par dedans, un Singe par dehors,
Un chef-d'œuvre de terre, un miracle visible,
Un animal parlant, raisonnable et risible;
Un petit Univers en qui les Elemens
Aportent mille maux et mille changements;
Une belle, superbe et fresle architecture
Qui doit son ordonnance aux mains de la Nature,
Où des os, tenans place et de pierre et de bois
Forment les fondements, le faiste et les parois.
Un mixte composé de lumiere et de fange,
Où s'attachent sans fin le blasme ou la louange.
Un Vaisseau plain d'esprits et plain de mouvemens,
Revestu de tendons, de nerfs, de ligamens,
De cuir, de chair, de sang, de mouelle et de graisse,
Qui se mine à toute heure et se destruit sans cesse,
Où l'âme se retire et fait ses fonctions,
S'imprime les vertus, ou trempe aux passions;
A qui tousjours les sens, ses messagers volages,
Des objects recognus raportent les images.

LE MÉDECIN : Mais Seigneur,

ARISTE : Un jouet de la mort et du temps,
Du froid, de la chaleur, du foudre et des autans,
Et sur qui la fortune establit son empire
Tandis qu'il peut soufler jusqu'à ce qu'il expire..

Tristan

DE L'INCONSTANCE HUMAINE

A de vagues desseins l'Homme est tousjours en proye,
Son instabilité ne meurt qu'avecque luy,
Et nous voyons, Seigneur, que sa plus douce joye
Dégenere souvent en son plus grand ennuy.

Bien que vers son bonheur constamment il s'empresse,
Bien qu'en ce seul objet il mette ses plaisirs,
Comme c'est hors de vous qu'il le cherche sans cesse,
Il n'est rien icy-bas qui fixe ses désirs.

A cent objets divers tour à tour il s'engage,
Et de cent tour à tour dégage ses souhaits,
Ce qui fait son bonheur se change en son dommage,
Ce qui luy plaist de loin le rebute de près.

Son ame en jouissant regrete sa poursuite,
Se reproche ses soins et son empressement;
Mais helas ! nous voyons qu'en changeant de conduite
Il change de foiblesse et d'erreur seulement.

Loin de se prévaloir de cette experience,
D'un abus dans un autre il passe de son choix,
Son cœur préoccupé trahit sa conscience,
Et mille fois dépris se reprend mille fois.

Brébeuf

Ses déplaisirs sont vains, ses dégousts sont steriles,
Le charme des faux biens ne l'enchante pas moins,
Et tant de soins perdus, tant de vœux inutiles
Ne vous redonnent point ny ses vœux ny ses soins.

A son propre repos ses desirs le refusent,
Il gémit dans sa chaisne, et n'ose la briser,
Il conçoit le neant des objets qui l'abusent,
Et ne peut se resoudre à se desabuser.

Ainsi tousjours flotante et tousjours incertaine,
Son ame se dissipe en cent vœux differens,
Court après ses malheurs, soupire après sa peine,
Et renonce au vray bien pour des biens apparens.

De là naist dans nos cœurs cette humeur inégale
Qui tourne au premier souffle et change au gré du sort,
A qui vit loin de vous l'inconstance est fatale,
Et trouve un homme foible en l'homme le plus fort.

Il semble autant de fois que la fortune change,
Que l'homme tout entier se change en mesme temps,
Et des succez divers cette enchaisnure estrange
Montre en un homme seul cent hommes differens.

Foible dans le bonheur, foible dans la disgrace,
Tantost il est superbe et tantost abbatu,
Dans le calme flateur on le voit plein d'audace,
Et dans le moindre orage on le voit sans vertu.

On voit son seul orgueil croistre par vos largesses,
Son cœur fait ses pechez de toutes vos faveurs,
Et s'il faut qu'il vous force à punir ses bassesses,
Son cœur fait ses pechez de toutes vos rigueurs.

Brébeuf

Tout met dans son esprit des revoltes secrettes,
Tout luy sert de matiere à ses iniquitez,
Tantost il perd le fruit des biens que vous luy faites,
Tantost il perd le fruit de vos severitez.

Mais la source aprés tout de sa folle inconstance,
N'est pas toute au dehors dans les divers sujets,
Il en porte en son cœur la funeste semence,
Et sans changer de sort il change de projets.

Il veut, il ne veut pas, il accorde, il refuse,
Il écoute la haine, il consulte l'amour;
Il assure, il retracte, il condamne, il excuse,
Et le mesme objet plaist, et déplaist tour à tour.

Sur tout, si quelquesfois se montrant à soy-même,
Des crimes de sa vie il se trouve estonné,
L'horreur d'avoir aigry vostre pouvoir suprême
Est un ennuy qui meurt aussi-tost qu'il est né.

Cet enfant malheureux d'un trouble peu sincere,
N'est pas si-tost conçeu qu'il se voit rebuté,
Il prend droit rarement de survivre à son pere,
Ou s'il peut luy survivre il est mal écouté.

Non qu'à parler encor sans cesse il ne s'efforce,
Mais d'autres entretiens en étouffent la voix,
Et de ses passions l'imperieuse amorce
Le rengage bien-tost sous leurs injustes loix.

Ainsi l'homme insensé sans trêve et sans relâche
Va du remords au crime et du crime au remords,
Il peche, il s'en repent, il s'emporte, il s'en fâche;
Mais ces vaines douleurs n'ont que de vains efforts.

Brébeuf

Quel moyen, Dieu puissant, d'engager ce volage
A poursuivre un bonheur digne de l'enflâmer?
Sans doute il doit en vous chercher cet avantage,
Et pour estre constant il n'a qu'à vous aymer.

Si-tost qu'à ce beau feu son ame se dévoue,
Il fait un bon usage et des biens et des maux;
Heureux dedans la pourpre, heureux parmy la boue,
Il trouve son repos jusques dans ses travaux.

Loin de se pardonner l'abus de vos largesses,
Son cœur fait sa vertu de toutes vos faveurs;
Et lorsqu'en chastimens vous changez vos caresses,
Son cœur fait sa vertu de toutes vos rigueurs.

Il n'est rien qui l'ébranle, et rien qui le maistrise,
Il voit d'un œil égal le calme et les dangers,
Il ne peut pas s'enfler pour des biens qu'il méprise,
Ny se voir abbatu pour des maux passagers.

Tout ce qui vient de vous, soit menace ou carresse,
N'excite que son zéle et ses ressentimens,
Il veut ce qui le flate, il veut ce qui le blesse,
Et croit bien vous devoir jusqu'à vos châtimens.

Il ne balance plus entre vous et la terre,
Son ame est dans son centre et son cœur dans la paix,
Il n'a plus rien en luy qui vous face la guerre,
Ny rien qui hors de vous luy montre des attraits.

Constant malgré son estre, et fresle et variable,
Heureusement changé pour ne plus se changer,
Il partage avec vous le tiltre d'immuable,
Autant qu'en cette vie on peut le partager.

Brébeuf

Heureux donc mille fois celuy que vostre grace
Arrache pour jamais à tant de changemens,
Qui vous cherit si fort, qui si fort vous embrasse,
Qu'il vit et qu'il expire en ces embrassemens.

Il éprouve déjà cette paix bien-heureuse
Qui doit aprés la mort couronner nos souhaits,
Et consumé pour vous d'une ardeur genereuse,
Commence à vous aymer pour ne finir jamais.

Brébeuf

TU N'ES PLUS RIEN QU'UN SONGE

. . . Ame toute abysmée au fonds de la matiere,
Cendre présomptueuse, insolente poussiere,
Ambitieux neant, phantôme audacieux,
Sur ta bassesse enfin tâche d'ouvrir les yeux...

. . . Dans tes perfections tu trouves tes défauts,
Et te mets au-dessous des plus vils animaux.
Quoy qu'à chercher ta fin ton espoir te prepai
De toy tu ne peux faire un pas qui ne t'égare,
Et comme c'est en toy que tu cherches ton bien,
Il faut que le neant se trouve dans le rien.
De toy-mesme en un mot ne pouvant bien connois
Le seul bien veritable et digne de ton estre,
Ny t'animer partant à le bien desirer,
Ton cœur à l'obtenir ne doit pas aspirer,
Si les rayons d'en haut ne luisent en ton ame,
S'il n'échauffent tes sens d'une celeste flame,
Et si tout plein enfin d'une sainte vigueur,
Tu ne sens en toy-mesme expirer ta langueur.
Sans ces riches presens, lâche, aveugle, imbeci
Tu ne peux estre au plus qu'une masse inutile,
Infirme languissant et d'esprit et de corps,
Tu fais voir ta foiblesse en tes plus hauts effor

Brébeuf

Sans ce divin secours tu n'as plus en toy-mesme
Que l'extrême impuissance et que l'erreur extrême,
Tu n'es plus rien qu'un songe, un nüage trompeur,
Une ombre, une fumée, un souffle, une vapeur;
Tu n'es plus rien de toy que la mesme inconstance,
Le mesme aveuglement, la mesme extravagance,
Que le butin du temps, et le joüet du sort,
Que crime dans la vie et qu'horreur à la mort...

Brébeuf

MOI QUI NE SUIS QU'UNE OMBRE

. . . Quand vous m'avez formé, mille essences possible
Qui pour sortir du rien attendent vostre voix,
Vous estant comme moy presentes et visibles,
Que vous avois-je fait pour estre vostre choix ?
Au lieu de me chercher dans ce neant fertile,
Vous pouviez y trouver un estre plus utile
    A reconnoistre vos bontez,
Vous pouviez en tirer un enfant plus fidelle,
    Au lieu d'en tirer un rebelle,
    Qui resiste à vos volontez.

Avant que d'en sortir j'estois déjà coupable,
Mes crimes à vos yeux estoient déjà presens,
Et de vostre pouvoir le fonds inépuisable
Vous offroit à choisir des estres innocens.
Pourquoy l'ay-je emporté sur ces Intelligences,
Qui seront pour jamais de steriles essences,
    Et que vous pouviez mettre au jour,
Qui sçauroient mieux que moy chercher l'art de vous plaire,
    Et dont l'amour chaste et sincere
    Répondroit mieux à vostre amour ?

Mesme vous auriez pû me préferer la brutte,
Elle est à vos decrets souple en toute saison,
En elle, mieux qu'en moy, vostre ordre s'execu
Et son instinct est droit bien plus que ma raiso
J'ay sur elle, il est vray, de brillans avantages ;

Brébeuf

Mais ces dons bien souvent deviennent des outrages
Contre vous, de qui je les tiens;
Ce qui me vient de vous, ou de grand, ou de rare,
Souvent contre vous se declare,
Et fait mes crimes de vos biens.

Diray-je plus encor? Vostre grandeur puissante
Eust pu moins s'abaisser en descendant plus bas,
Produire au lieu de l'homme, ou le marbre, ou la plante,
Ces objets contre vous ne se revoltent pas;
Leur langage müet à chanter vos loüanges
S'accorde beaucoup mieux avec celuy des Anges,
Que celuy dont j'ose abuser,
Et ces estres grossiers ne sçauroient méconnoistre
Comme moy l'Auteur de leur estre,
Ny comme moy le mépriser.

Mon cœur prend vos faveurs pour mon propre heritage,
Vous semblez m'avoir dû les biens que je vous doy;
Sans penser que de vous je tiens cet avantage,
J'ose me l'imputer parce qu'il est en moy.
Les clartez toutesfois de vostre prescience
N'ont point mis un obstacle à cette patience,
Qui jamais ne se peut tarir;
Vous m'avez fait passer du neant jusqu'à l'estre,
Moy, qui mesme avant que de naistre
Avois merité de mourir.

Brébeuf

Mais ce seroit trop peu pour vous et pour moy-mesm
Si vous vous contentiez de m'avoir tant aimé,
Si d'un soin assidu vostre pouvoir suprême
Ne me conservoit pas après m'avoir formé;
Vous resoudre sans cesse à ne me pas détruire,
C'est de nouveau, Seigneur, sans cesse me produir
De nouveau m'affranchir du rien;
De moy j'ay seulement la foiblesse en partage,
Et je suis en vain vostre ouvrage,
Si vous n'estes pas mon soustien.

Helas! vous prolongez au gré de mon envie
Des jours que mon erreur donne à ma vanité,
Vostre soin vigilant me conserve une vie
Qui me rend plus coupable, et vous plus irrité.
Ce concours assidu m'est par tout necessaire,
Mesme pour me trahir, mesme pour vous déplaire
Sans cesse j'ay besoin de vous,
Je ne puis rien de moy, rien sans vostre assistance,
Pas mesme commettre une offense,
Ny meriter vostre couroux...

... Mais à ce soin diffus qu'en cause générale
Vous prenez constamment de vos moindres effets,
Vous ajouster encor la faveur speciale
Qui se prodigue en moy sans s'épuiser jamais.
Je sçay qu'en ma faveur vos bontez invincibles
D'éloigner cent périls ou cachez ou visibles
Sollicitent vostre pouvoir,
Et je sçay mieux encor qu'en tous lieux et sans cesse
Pour moy vostre amour s'interesse
Bien plus que je ne puis sçavoir.

Brébeuf

Si vous aviez tary cette source feconde,
Quel seroit mon refuge, ou quel seroit mon sort?
Je ne voy presque rien sur la terre et sur l'onde
Qui ne pûst devenir l'instrument de ma mort.
Moy qui ne suis qu'une ombre, une vapeur legere,
Comment à tant de maux pourrois-je me soustraire,
  Si vous ne conduisiez mes pas?
On auroit bien-tost veu leur fureur assouvie,
  Et je me sens trop peu de vie
  Pour suffire à tant de trépas...

Brébeuf

CANTIQUE DES MONTAGNES

Ayant cherché partout, dès la naissante Aurore
Jusqu'aux rayons couchans, celuy que j'ayme tant,
Je l'ay trouvé partout et je le cherche encore,
Car ne le voyant pas, mon esprit n'est content.

Le trouvant je ne laisse, en ces accez estranges,
De m'aller enquérant du lieu de son séjour,
Je le demande aux cieux, je le demande aux anges,
Je le demande à tous en cet excez d'amour.

Je traverse les bois, je traverse les plaines,
Les fleuves, les déserts, de son amour ravy,
Comme un cerf altéré qui cherche les fontaines,
Traverse monts et vaux, du chasseur poursuivy...

Voicy ceste montagne et ces belles collines
Sur lesquelles souvent il chasse nuict et jour,
Où mesmes, estant las, aux fontaines divines
Il paist et se repose avec vous à mi-jour...

Icy l'air est serein, tout embausmé de roses
Et d'œillets et de lys, des Anges le séjour,
L'Espoux se plaist icy, mon Dieu, les belles choses !
Mais je ne veux avoir des yeux que pour l'Amour.

Je pars donc de ce lieu, courant par les campagnes,
Les collines, les vaux, les rochers et les bois,
Et je le vay cherchant sur les autres montagnes,
Faisant retentir l'air aux accents de ma voix.

Revenez, cher Espoux, oyez les doux cantiques
Que vous chante mon cœur qui ne vit que d'amour,
Soyez semblable au Cerf des monts aromatiques,
Qui fuit légèrement, et fait un prompt retour.

Hopil

2

L'Inconstance Blanche

O DIVINE INCONSTANCE

... O divine Inconstance, aie pitié de moy
Gueris en me blessant ma plaie et mon esmoy,
Pardonne le despit de mon ame pressee,
Pardonne luy les maulx qu'au premier offencee
Elle a vomy sur toy, frenetique en courroux.
Change sa volunté, ton nom luy sera doux
Et comme j'ay tourné le mesdire en louange,
Fay' qu'un cueur amoureux à n'aimer plus se change.
Je te feray rouller un autel d'un balon,
J'immoleray dessus des feuilles qu'Aquilon,
Ton pere, nous fait choir au pluvieux automne;
Je t'offriray de l'aer d'une cloche qui sonne
Et le coq qui viroit sur le hault du clocher
Densant de cent façons; je courray te chercher
De l'eau et du savon et feray à merveilles
D'une paille fendue envoler des bouteilles;
J'offriray du dubet, plumes, fleurs et chardons
Et de l'eau de la mer et des petits glaçons,
Un cameleon vif, et au lieu de parolles,
Je diray sans propos cent mille phariboles,
Et bruslant tout cela à ton nom immortel,
Je brusleray encor' et le temple et l'autel.

D'Aubigné

JE VOLLE HAULT

ODE

Non, je n'ayme pas le pesant,
Mais bien le leger, le luisant;
Je me sens assez de courage
Pour voulloir et pour voller mieux,
Et mon esprit qui est volage
Volle tousjours devers les cieux.

Je desdagne ce gros fardeau
De la terre pesante et d'eau
Et encor' ce qui sent la terre;
Je volle hault, j'ay en mespris
Ceste masse qui fait la guerre
Aux beaux et volages espritz.

Quant le chaos fut demeslé,
Tout le pesant fut devalé
Au centre, les serpens, la peste,
Les enfers, le vice, les maux;
Le doux, le subtil fut celeste
Et volla dans les lieux plus haux.

Le ciel, païs de nos espritz,
Les aiant à voller apris
Au lieu où ilz ont prins naissance,
Les fait vivre icy estrangers;
Comme legere est leur substance
Ilz sont volages et legers.

D'Aubigné

Les espritz qui ont moins du cors
Et moins du pesant sont plus fortz;
Le cors qui est le plus terrestre
Et plus pesant n'est plus maison
Propre à l'esprit et ne peult estre
Rien que sa fascheuse prison.

Toute vertu est née aux Cieux;
Tout cela qui est vicieux
Recognoist la terre pour mere,
Chacun son pareil elisant;
Toute vertu est donc legere,
Tout vice constant et pesant.

Considerez encor' un peu
Que noz ames ne sont que feu
Qui est plus leger que les flammes,
Les flammes ne peuvent aller
Au Ciel, au vray païs des ames,
Que laissant le cors pour voller.

Vous voiez les cors animez
De braves espritz consommez,
Et ceux qui ont moins de substance,
De chair et de pois ennuieux
Ont des espritz de telle essance
Qu'ilz fouillent le secret des Cieux.

La constance est absurdité,
La celeste legereté
Change la saison morne et blesme;
Je preuve cela par les fleurs,
Par moy, peult estre par vous mesme,
Qui n'avons en terre que pleurs.

D'Aubigné

Bien qu'au contraire m'estimant
Immobile, endurcy amant,
Comme huit ans le pourroit dire,
Vous avez bien voulu choisir
Ce paradoxe pour en rire,
Je le deffendz pour mon plaisir.

D'Aubigné

SUR L'INCONSTANCE DE LA FEMME

Qui va plutost que la fumée,
Si ce n'est la flamme allumée,
Plutost que la flamme, le vent ?
Plutost que le vent, c'est la femme ;
Quoi plus ? Rien, elle va devant
Le vent, la fumée et la flamme.

D'Aubigné

INCONSTANCE PAYEE D'INCONSTANCE

Puis qu'elle fut si prompte à se picquer de moy,
Et que ce nouveau feu luy fit manquer de foy,
Je devois bien penser qu'elle en feroit de mesme
A mon amour extresme.

J'estois beaucoup deceu, croyant qu'elle m'aimoit,
Et que pour mon amour son cœur se consumoit,
Ce feu que je pensois qui l'avoit enflamee,
Ce n'estoit que fumee.

Aussi n'estoit-ce point Amour ny sa beauté
Qui avoit à ce coup surpris ma liberté,
Ses ruses et son art sont les rets et la flame
Qui esprend et prend l'ame.

Je ne vis jamais rien qui changeast si souvent,
En sa course legere elle passe le vent,
Et pense que son cœur nasquit avec des aisles
Comme les arondelles.

Combien de fois, chetif, pour la contempler mieux,
Ay-je invoqué le Ciel, et souhaité ses yeux?
Mais un œil suffisoit pour voir son inconstance
Avec trop d'evidence.

Enfin je m'en retire, esteincte est mon ardeur,
Ses gestes, ses regards, ne me sont que froideur,
Et si l'amour encor loge dedans sa face,
C'est un amour de glace.

La Roque

Qui pourroit voir son cœur, il verroit à l'entour
De combien de façons se masque son amour,
Mais je sçay que la foy n'y sçauroit estre veuë,
Car elle l'a perduë.

Combien qu'elle m'ait fait des maux assez cognus,
Je ne veux pas nier qu'elle ne soit Venus,
D'autant que les humeurs de son ame divine
Tiennent de la marine.

Et puis qu'elle s'embarque avec un autre amant,
Qui d'un nouvel espoir va son cœur animant,
Ils feront grand chemin, si la voile est poussee
Du vent de sa pensee.

Sur des flots si boüillants je ne m'asseure plus,
Dont l'inconstante mer vogue à tant de reflus;
Nul ne sçauroit sçavoir par carte ny boussole
De quel vent elle vole.

Adieu temps malheureux vainement consumé,
Adieu cruel Dedale, où j'estois enfermé;
Pour fuir vos destours j'ay trouvé la fusee
Qui delivra Thesee.

La Roque

LE TEMPLE DE L'INCONSTANCE

Je veux bastir un temple à l'Inconstance;
Tous amoureux y viendront adorer,
Et de leurs vœux jour et nuict l'honorer,
Ayans le cœur touché de repentance.

De plume molle en sera l'edifice,
En l'air fondé sur les aisles du vent,
L'autel de paille, où je viendray souvent
Offrir mon cœur par un feint sacrifice.

Tout à l'entour je peindray mainte image
D'erreur, d'oubly, et d'infidelité,
De fol desir, d'espoir, de vanité,
De fiction, et de penser volage.

Pour le sacrer, ma legere maistresse
Invoquera les ondes de la mer,
Les vents, la lune, et nous fera nommer
Moy le templier, et elle la prestresse.

Elle seant ainsi qu'une Sibylle,
Sur un trepied tout pur de vif argent,
Nous predira ce qu'elle ira songeant
D'une pensée inconstante et mobile.

Elle escrira sur des feuilles legeres
Les vers qu'alors sa fureur chantera,
Puis à son gré le vent emportera
Deçà delà ses chansons mensongeres.

Du Perron

Elle envoyra jusqu'au ciel la fumée,
Et les odeurs de mille faux sermens,
La Deité qu'adorent les amans
De tels encens veut estre parfumée.

Et moy, gardant du sainct temple la porte,
Je chasseray tous ceux-là qui n'auront
De lettres d'or engravé sur le front
Le sacré nom de leger, que je porte.

De faux souspirs, de larmes infidelles
J'y nourriray le muable Prothé,
Et le serpent qui de vent allaicté
Deçoit nos yeux de cent couleurs nouvelles.

Fille de l'air, Déesse secourable,
De qui le corps est de plumes couvert,
Fay que toujours ton temple soit ouvert
A tout amant comme moy variable.

Du Perron

INCONSTANCE

. . . Je veux dans un tableau la Nature pourtraire,
J'y peindray la Fortune et le change ordinaire
De tout ce qui se void sous la voute des cieux,
L'Amour y sera peint d'une forme nouvelle,
Non comme de coustume avec une double aisle,
Je luy en donne autant comme Argus avoit d'yeux.

L'on y verra la mer et les ondes esmeuës,
L'arc avec ses esclairs, son tonnerre et ses nuës,
Le feu prompt et leger vers le ciel aspirant,
Girouettes, moulins, oiseaux de tous plumages,
Papillons, cerfs, dauphins, et des conins sauvages
Qui perdent de leurs trous la memoire en courant.

Des fantosmes, des vents, des songes, des chimeres,
Sablons tousjours mouvans, tourbillons et poussie
Des pailles, des rameaux, et des fueilles des bois,
Et si je le pouvois, j'y peindrois ma pensée,
Mais elle est trop soudain de mon esprit passée,
Car je ne pense plus à ce que je pensois.

Je veux qu'en ce tableau soit ma place arrestée,
Aupres de moy tirez Achelois et Prothée,
Faisant comme semblant de me ceder la leur,
Et lors si de mon cœur apparoist la figure,
C'est trop peu de couleurs de toute la peinture,
A peindre sa couleur qui n'a point de couleur.

Motin

Si c'est un astre d'or qui me fait variable,
J'ayme de ses regards l'influence agreable,
Et ne m'aymerois pas si j'estois autrement;
Mon esprit est leger, car ce n'est rien que flame,
Et si pour tout le monde il n'est qu'une seule ame,
L'Ame de tout le monde est le seul mouvement.

Aussi n'est-ce que fable et que vaine parole
De dire qu'il y ait je ne sçay quel Aeole
Qui enferme le vent et luy donne la loy;
Si dedans quelque lieu un tel esprit s'arreste,
Ce n'est point autre part sinon que dans ma teste,
Et les dieux n'ont point fait d'autre Aeole que moy.

Motin

STANCES A L'INCONSTANCE

Esprit des beaux esprits, vagabonde inconstance,
Qu'Aeole Roy des vens avec l'onde conceut,
Pour estre de ce monde une seconde essence,
Reçoy ces vers sacrez à ta seule puissance
Aussi bien que mon âme autrefois te receut.

Déesse qui par tout et nulle part demeure,
Qui préside à nos jours, et nous porte au tombeau,
Qui fais que le desir d'un instant naisse et meure,
Et qui fais que les Cieux se tournent à toute heure,
Encor qu'il ne soit rien ny si grand, ny si beau.

Si la terre pesante en sa base est contrainte,
C'est par le mouvement des atosmes divers,
Sur le dos de Neptun ta puissance est dépeinte,
Et les saisons font voir que ta Majesté saincte
Est l'âme qui soustient le corps de l'Univers.

Nostre esprit n'est que vent, et comme un vent volage,
Ce qu'il nomme constance est un branle rétif :
Ce qu'il pense aujourd'huy demain n'est qu'un ombrage,
Le passé n'est plus rien, le futur un nuage,
Et ce qu'il tient présent il le sent fugitif.

Je peindrois volontiers mes légères pensées,
Mais desjà le pensant mon penser est changé,
Ce que je tiens m'eschappe, et les choses passées,
Tousjours par le présent se tiennent effacées,
Tant à ce changement mon esprit est rangé.

Durand

Aussi depuis qu'à moy ta grandeur est unie,
Des plus cruels desdains j'ay sceu me garantir,
J'ay gaussé les esprits, dont la fole manie
Esclave leur repos sous une tyrannie,
Et meurent à leur bien pour vivre au repentir.

Entre mille glaçons je sçay feindre une flame,
Entre mille plaisirs je fais le soucieux,
J'en porte une à la bouche, une autre dedans l'âme,
Et tiendrois à péché, si la plus belle dame
Me retenoit le cœur plus longtemps que les yeux.

Doncques fille de l'air de cent plumes couverte,
Qui de serf que j'estois m'a mis en liberté,
Je te fais un présent des restes de ma perte,
De mon amour changé, de sa flame déserte,
Et du folastre object qui m'avoit arresté.

Je te fais un présent d'un tableau fantastique,
Où l'amour et le jeu par la main se tiendront,
L'oubliance, l'espoir, le desir frénétique,
Les serments parjurez, l'humeur mélancolique,
Les femmes et les vents ensemble s'y verront.

Les sables de la mer, les orages, les nuës,
Les feux que font en l'air les tonnantes chaleurs,
Les flammes des esclairs plustost mortes que veuës,
Les peintures du Ciel à nos yeux incogneuës
A ce divin tableau serviront de couleurs.

Pour un temple sacré je te donne ma Belle,
Je te donne son cœur pour en faire un autel,
Pour faire ton séjour tu prendras sa cervelle,
Et moy je te seray comme un prestre fidelle,
Qui passera ses jours en un change immortel.

Durand

LE PALAIS DE LA FORTUNE

. . . Dans une isle branlante, et de sable mouvant,
Qui suit le cours des flots, et roule au gré du vent,
Il se voit un palais, sans regle, et sans mesure,
Mais d'une extravagante et bizarre structure,
Dont l'ouvrage subit, sans le secours de l'art,
S'éleva de morceaux assemblez au hazard.
On n'y consulta point le niveau, ny l'equerre,
Pour alligner le plan, pour ajuster la pierre;
Et les appartemens en tumulte dressez,
Sur les pieds du compas n'y furent point tracez.
La bouë, en tel endroit, étalée en parade,
Y fait une corniche, y couronne une arcade;
En tel autre le chaume et le plastre meslez
S'élevent sur la porte, au porphyre égalez.
Des bois demy-pourris y regnent sur la face;
D'autres bois vermoulus sur le faiste ont leur place;
Et des marbres de prix, loin des yeux, loin du jour,
Sont laissez sans honneur dans une basse-cour.
La plus grande merveille, et la plus étonnante,
Est que tout l'edifice a la face changeante,
Et sans autres ressors que le souffle des vents,
Par des conduits secrets du sable s'élevans,
Il reçoit tous les jours differentes figures,
Mais toutes sans dessein, sans ordre et sans mesures...

Le Moyne

POUR LE BALLET DES DIEUX MARINS

Aux Dames

L'humeur de nos cœurs inconstans
Nous a fait plaire si long-tans
Parmy l'inconstance de l'onde,
Que nous pensions que Jupiter
Avoit fait la mer en ce monde
Seulement pour nous arrester.

Mais après un si long plaisir,
Comme nous la voulions choisir
Pour nostre demeure éternelle,
Un jour de calme seulement
Nous a fait dépiter contre elle
Et chercher un autre Element.

Desjà nous luy disions Adieu,
Et choisissant quelque autre lieu
Selon nostre humeur inégale,
Afin de vivre dedans l'aer
Nous allions visiter Dedale
Pour apprendre l'art de voler.

Mais comme nous gaignions le bort,
Allant chercher tout d'un accort
Quelque demeure plus certaine,
Nous fusmes aussi-tost suivis
Par une Nimphe de la Seine
Qui nous fit prendre un autre advis.

Lingendes

Si tost qu'elle fut près de nous,
Grands Dieux (dit-elle) arrestez-vous,
Car sçachant l'humeur infidelle
Dont vos esprits sont possedez,
Je vous apporte une nouvelle
Telle que vous la demandez.

Suyvez-moi donc asseurément,
Puis que vous cherchez seulement
Le vray sejour de l'inconstance,
Je vous meine dans une cour
Où vous advoü'rez que la France
Luy sert d'ordinaire sejour.

C'est en ce lieu qu'elle fait voir
Les miracles de son pouvoir,
Je vous en parle par l'espreuve
Du temps present et du passé,
Comme estant Nimphe de ce fleuve
Par qui Paris est traversé.

Vous y verrez de tous costez
De toutes sortes de beautez,
Dont l'ame sans cesse agitée
Ne se peut comparer qu'au vent,
Et je croy que vostre Protée
Ne se change pas si souvent.

Leurs pensers sans paix ny repos
Sont occupez à tout propos
A trouver quelque amour nouvelle :
On ne voit rien de si changeant,
Et semble qu'au lieu de cervelle
Elles n'ont que du vif-argent.

Lingendes

Par ces mots nos legers esprits
Se virent tellement épris
De voir un si volage Empire,
Que seulement depuis ce temps
En ce point seul nous pouvons dire
Que nous avons esté constants.

Mais la Nymphe en nous amenant
Pour nous monstrer incontinant
Quelle est son humeur, et la vostre,
En mesme jour nous ayma tous,
Nous haït tous l'un après l'autre,
Et puis se desroba de nous.

Aussy jugeans ceste façon
Pour un trait de quelque leçon
Qu'elle avoit euë en vostre escole,
Nous en fusmes si satisfaits,
Que nous creusmes en sa parole
En voyant de si bons effets.

Prenant donc pour nostre Element
Ce lieu si propre au changement,
Nous croyons que vostre inconstance
Nous peut assurer desormais
De nous plaire si fort en France
Que nous n'en sortirons jamais.

Lingendes

L'AMOUR DE CHANGER

Avecque mon amour naist l'amour de changer;
J'en ayme une au matin; l'autre au soir me possede,
Premier qu'avoir le mal, je cerche le remede,
N'attendant estre pris pour me des-engager.

Sous un espoir trop long je ne puis m'affliger;
Quand une fait la brave, une autre luy succede;
Et n'ayme plus long-temps la belle que la laide :
Car dessous telles loix je ne veux me ranger.

Si j'ay moins de faveur, j'ay moins de frenesie;
Chassant les passions hors de ma fantaisie,
A deux, en mesme jour, je m'offre et dis adieu.

Mettant en divers lieux l'heur de mes esperances,
Je fay peu d'amitiez et bien des cognoissances;
Et me trouvant partout je ne suis en nul lieu.

Vauquelin des Yveteaux

STANCES D'HYLAS

De son humeur inconstante

Je le confesse bien, Philis est assez belle
Pour brusler qui le veut;
Mais que, pour tout cela, je ne sois que pour elle,
Certes il ne se peut.

Lors qu'elle me surprit, mon humeur en fut cause,
Et non pas sa beauté;
Ores qu'elle me perd, ce n'est pour autre chose
Que pour ma volonté.

J'honore sa vertu, j'estime son mérite
Et tout ce qu'elle fait;
Mais veut-elle sçavoir d'où vient que je la quitte?
C'est parce qu'il me plait.

Chacun doit preferer, au moins s'il est bien sage,
Son propre bien à tous;
Je vous ayme, il est vray, je m'ayme davantage :
Si faites-vous bien, vous.

Bergers, si dans vos cœurs ne regnoit la feintise,
Vous en diriez autant;
Mais j'ayme beaucoup mieux conserver ma franchise
Et me dire inconstant.

D'Urfé

Qu'elle n'accuse donc sa beauté d'impuissance,
Ny moy d'estre leger;
Je change, il est certain; mais c'est grande prudence
De sçavoir bien changer.

Pour estre sage aussi, qu'elle en fasse de mesme,
Esgale en soit la loy.
Que s'il faut, par destin, que la pauvrette m'ayme,
Qu'elle m'ayme sans moy!

D'Urfé

VILANELLE D'HYLAS

Change d'humeur qui s'y plaira,
Jamais Hylas ne changera.

Ceux qui veulent vivre en servage,
Peuvent comme esclaves mourir,
Hylas jamais n'a peu souffrir
Que l'on luy fist un tel outrage.
  Change d'humeur qui s'y plaira,
  Jamais Hylas ne changera,

Il est certain, Hylas vous aime;
Mais vous scavez, belle Alexis,
De son amour quel est le prix?
Le prix d'amour, c'est l'amour mesme.
  Change d'humeur...

Languir auprès d'une cruelle,
C'est un bien maigre passe-temps,
Et c'est en quoy je ne m'entends,
Il vaut mieux estre infidelle.
  Change d'humeur...

Mais pour ne le trouver estrange,
Qu'égale entre nous soit la loy :
Comme je vous ayme, aymez moy,
Et me changez si je vous change.
  Change d'humeur...

D'Urfé

Ainsi d'une si douce vie,
Nul de nous ne se lassera,
Parce que celuy changera
Qui premier en aura envie.
  Change d'humeur...

Et si jamais je vous en blasme,
Que je puisse mourir d'amour,
Ou bien que j'ayme quelque jour
Longuement une laide femme.
  Change d'humeur qui s'y plaira;
  Jamais Hylas ne changera.

D'Urfé

STANCES
DU CHEVALIER TRAHI PAR SA MAITRESSE

En se plaignant de sa Dame, il les blasme toutes

Elle a changé mon feu, la volage qu'elle est,
Pour une moindre flamme,
Pour faire voir à tous qu'elle est femme en effet,
Et que c'est qu'une femme.

Mais devois-je prétendre en cet esprit leger
Amour moins passagere ?
Car puis qu'elle estoit femme, il faloit bien juger
Qu'elle seroit legere.

L'onde est moins agitée, et moins leger le vent,
Moins volage la flamme,
Moins prompt est le penser que l'on va concevant
Que le cœur d'une femme...

D'Urfé

STANCES
DU BERGER A QUI REVIENT
LA BERGÈRE INFIDÈLE

La voicy, la volage,
Qui s'en revient vers moy;
Mais je gage
Que c'est avec dessein de rompre encor sa foy.

Une inconstance estrange
Fit qu'elle me quitta;
En eschange
Ce qui me la redonne est ce qui me l'osta.

Elle ne pouvoit croire
Ce qu'alors je valois.
C'est ma gloire
Qu'en changeant elle a veu qu'elle perdoit au choix.

Mais combien l'inconstance
Va son cœur decevant :
Elle pense
Que comme elle chacun se tourne au premier vent.

Toutefois qui l'en blasme
Est injuste en cecy :
Estant femme,
Je l'excuse en disant que toutes sont ainsi.

Car toutes, de nature,
Sont d'un esprit léger;
Sans parjure,
Je jure qu'en amour leur propre est de changer.

D'Urfé

ALCIDON PARLE

Fillis, auprès de cet ormeau
Où paissoit son petit troupeau,
Estant toute triste et pensive,
De son doit escrivoit un jour
Sur le sablon de ceste rive :
Alcidon est mon seul amour.

Je ne devois pas m'asseurer
De voir sa promesse durer
Par ce qu'en chose plus legere
Ny plus ressemblante à sa foy,
L'ingrate et parjure bergere
Ne pouvoit se promettre à moy.

Vn petit vent qui s'eslevoit
En mesme instant qu'elle escrivoit
Ceste preuve si peu durable,
Effacea sans plus de longueur
Sa promesse dessus le sable
Et son amour dedans son cœur.

Lingendes

SUR LE BORD SABLONNEUX

Je disoy l'autre jour ma peine et ma tristesse
Sur le bord sablonneux d'un ruisseau, dont le cours
Murmurant, s'accordoit au langoureux discours
Que je faisois assis proche de ma maîtresse.

L'occasion luï fit trouver une finesse;
Silvandre (me dit-elle) objet de mes amours,
Afin de t'assurer que j'aimeray tousjours,
Ma main dessus cette eau t'en signe la promesse.

Je creu tout aussi-tost que ces divins sermens,
Commençant mon bonheur, finiroient mes tourmens
Et qu'enfin je serois le plus heureux du monde.

Mais, ô pauvre innocent, de quoy faisoy-je cas,
Estant dessus le sable elle escrivoit sur l'onde,
Afin que ses sermens ne l'obligeassent pas.

Marbeuf

LE COURS

... Ces discours bien pollis, ces paroles de laine,
Ce sont les entretiens de la troupe mondaine
Qui va roullant le temps sans dessein, sans sujet,
Tousjours diversement et d'inesgal objet,
Cherchant l'un, tantost l'autre, et comme vagabonde,
Pour voir la volupté, courroit au bout du monde.
Changeant de jour en jour, du soir au lendemain,
N'aymant que l'inconstant, le mobile et le vain :
C'est là le vray portraict de l'humaine nature,
Dans ce livre on y lit bonne et mal-advanture,
Dans ce miroir on voit les actes des mortels,
Qui font à leurs grandeurs eriger des autels.
Plusieurs vont formant l'homme, et moi je le recite,
Je le peints mal formé, tel qu'il est, je l'incite
A faire son devoir, et s'il se pouvoit mieux
Je le presenterois pour l'objet de nos yeux;
Mais meshuy c'en est fait, et Nature est forcée,
Cuidant le façonner d'une artiste pensée.
C'est un objet vollage et plain de changement,
Un sable sans arrest qui roulle à tout moment;
Le monde est inconstant, icy bas tout y change,
Aujourd'huy l'homme est beste, et demain c'est un ange,

Angot de l'Eperonnière

Tout y meut, tout agist d'un mouvement divers,
Depuis le haut du ciel jusqu'au profond des mers,
La constance en effet n'estant pas autre chose
Qu'un bransle languissant qui jamais ne repose,
Nul objet n'est certain, mais trouble et chancelant,
D'yvresse naturelle il se vire en roullant;
Phœbus couvrant ses rais pour donner de l'ombrage,
Afin d'aller au Cours, une trouppe volage
De jeunes esventez, bigarrez de couleurs,
De tous les rendez-vous postes avant-coureurs,
Ainsi que mouscherons on voit dedans la ville,
En roquets, en manteaux, en casaque, en roupille,
Jaunes, verds, orengers, incarnats, gris et blancs,...

Angot de l'Eperonnière

STANCES

Mon Dieu! que le penser est un peintre sçavant !
Mais, cruel inventeur de ma peine cruelle,
Pour sa toille et son bois il n'a que ma cervelle,
Et pour toute coulleur il n'a rien que le vent.

Ce penser importun, frere de mes desirs,
Si tost que dans ma teste il a peint une image,
Il veult estre payé de son cruel ouvrage,
Et le prix qu'il en a, ce sont mille souspirs.

Il prolonge mes maulx quand il me fait sembler
Que je voye les yeux de ma belle inhumaine;
Ainsy que le fiebvreux songeant une fontaine,
L'eau qu'il songe le faict davantage trembler.

Quand Amour eust lancé cet homicide coup
Qui me fist dans le cœur une blesseure estrange,
J'eus pour ma liberté ce penser en eschange;
Eschange malheureux, que j'y perdis beaucoup !

Tousjours depuis, tousjours, ce penser inconstant
Croist en nouveaux pensers que je ne puis abattre;
Ma raison quelques fois en chasse trois ou quatre,
Mais aussitost mon ame en faict renaistre autant.

Penser, fils de mon ame, enfant traistre et malin,
Ta mere te norrist, et si tu la consome;
Tu ressemble à ce ver qui naist dans une pomme,
Fait la guerre à sa mere, et la mange à la fin.

Je ne sçaurois aussy de moy te deschasser,
Si je ne voy bientost que mon ame te face
De mesme que le singe, amoureux de sa race,
Qui meurtrit ses petits pensant les caresser.

Motin

LE PEINTRE

Je sçay peindre l'eau de nafe,
Et l'orme à la vigne joint,
Un rat, un once, une agrafe,
De couleurs qu'on ne voit point.

Je sçay peindre une grenoüille
Qui fait brusler un buisson,
Un rat qui sa barbe moüille,
Et qui fauche du cresson.

Je sçay peindre un pucelage,
Un souspir, une clameur;
Je sçay peindre davantage,
Et le penser et l'humeur.

Je peins la ronce et l'ortie,
L'honneur du monde et le bruit,
Mais je peins la sympathie
Que l'on ne voit qu'à minuit.

Je contrefais à merveille
Une grâce, une beauté,
L'œillet, la rose vermeille
Et l'estuy d'humanité.

Je peins l'ardoise et le chaume,
Le songe et les visions;
Du sage maistre Guillaume,
Le peins les illusions.

Anonyme

Je contrefais les galoches
Et l'eau qui tombe souvent;
Je peins bien le son des cloches
Et le visage du vent.

Gardez bien qu'on ne vous saigne,
Vous qui partirez demain;
Gardez que je ne vous peigne...
Zest, je vous baise la main.

Anonyme

LA PENSÉE

Ma pensee, où pensez-vous estre?
Pensez-vous tousjours me forger
Des pensers, qui me fassent naistre
La crainte devant le danger?

Pour rendre ma joye offensee,
Et me tenir tousjours transi,
Vous vous plaisez, ô ma pensee,
A vous transformer en souci.

Ou si vostre metamorfose
Vous change en rose mieux à point,
Je ne connois point cette rose
Que par son espine qui poind...

... S'il advient parfois que je cueille
Des fleurs de joye, en me trompant,
Vous faites glisser sous leur feuille
Un triste penser en serpent.

Quand j'ay un penser qui est aigre,
Il chasse tous ceux qui sont doux;
Mais si j'ay un penser alaigre,
Les tristes le combatent tous.

Ils font fourmiller leurs fantosmes
Dans mon cœur, où ils se sont mis
Plus dru qu'au soleil les atomes,
Plus dru qu'en esté les fourmis.

Godard

Il n'y a si urgent affaire,
Qu'ils ne me le fassent laisser;
Car pour m'enpescher de rien faire,
Ils m'occupent tout à penser.

Ces pensers au visage blesme
De mon exil font mon esmoi;
Ils me mettent hors de moi-mesme,
Quand ils se mettent dedans moy.

Si un doux penser vient m'attraire,
Un amer luy tranche le pas;
Ainsi tout m'arrive au contraire :
Ce qui me vient, ne me vient pas.

De leur main la glace et le soulfre
M'est à toute heure présenté;
Si bien qu'en mesme tems je souffre
La peine d'hyver, et d'esté.

Car ces pensers gesnent mon ame
De froid et chaud, sans ordre et rang;
Alors que leur espoir m'enflame,
Leur crainte me glace le sang.

Ils voguent à nef de caprice
L'est, l'oest, le nort et le su,
Cherchans au monde la matrice,
Où le monde a esté conceu.

Ils ont, à l'heure que leur flote
Prend terre, et loge toute en gros,
Pour salle et pour tapis la grote,
Et les grotesques du caos.

Godard

Leur troupe me rend solitaire,
Leur travail me rend ocieux;
Et pour regarder leur mystère,
Il faut que je ferme les yeux.

Par eux je ne fay que merveille,
A l'infini je donne un bout;
Je songe à l'heure que je veille;
Je ne bouge, et je vay par tout.

Mais leur fil mon âge devide,
J'ay leur chagrin pour mon soulas;
Leurs bienfaits m'emplissent de vuide,
Et leur rienfaire me rend las.

Ces pensers d'une faim estrange
Jamais ne sont sous ni contents;
Car le tems toutes choses mange,
Et sont eux, qui mangent mon tems.

Pensant à ces pensers je trouve
Que rien n'en valent les meilleurs;
Depuis trop de tems je les couve,
Qu'ils s'aillent faire esclorre ailleurs.

Par leur malice, que j'essaye,
Mon dueil est tousjours avancé;
Devant le coup je sens la playe,
Et saigne avant qu'estre blessé.

Leurs imaginations vaines,
Que je pestris souvent en vain,
Fournissent au four de mes peines
Et la farine, et le levain.

Godard

Leur apprehension puissante,
Qui tousjours me pointille au cœur,
Estant sans mal, fait que je sente
Tout au moins le mal de la peur.

Quand l'heure du jour s'est passee
A repenser à mes ennuis,
Vous passez outre, ô ma pensee,
Et en jour vous passez mes nuits.

Au moins, ô pensee importune,
De grace bornez vostre cours,
Par le soleil, ou par la lune,
Choisissez les nuits, ou les jours.

De tant penser, la recompense,
C'est pensif son âge passer;
Ma pensee, il faut que je pense
Qu'il ne me faut plus tant penser.

Godard

LA MATINÉE

Cette nuict a versé des pleurs,
Et dessus le tapis des fleurs,
On voit comme des perles fines,
Qui se forment de la fraischeur,
Et que le plumage des cines,
N'égalle pas mesme en blancheur.

Depuis Verdun jusqu'en Broüage,
Le ciel est par tout sans nuage,
Le soleil se leve à Nancy,
Il est desja sur la Bourgogne,
Nous le verrons bien-tost icy,
Pour s'en aller dans la Gascogne.

J'entends l'allouette chanter;
Jusqu'au ciel je la voy monter,
La voilà presque dans la nue,
Je n'oy quasi plus son accent,
A ce coup je la perds de veuë;
Mais la voicy qu'elle descend.

Les troupes de canes sauvages,
Se posent dessus les rivages,
Le froid commence d'arriver,
La Seine se tient dans ses bornes,
Et les bœufs qu'on meine abbreuver
S'y mirent avecques leurs cornes.

Durval

Les corneilles mangent des vers,
Les perdris sont dans les bleds verds,
L'oiseau ne leur fait point la guerre,
Elles vivent en seureté
Dedans une pièce de terre,
Où le roy n'a jamais esté.

Toutes les fournaises s'allument,
Les chasteaux et les villes fument,
A Paris on fait un grand bruit,
On charge de hardes les coches,
Aux hales on porte du fruict,
Et par tout on sonne les cloches.

Les conseillers du Parlement
Vont au Palais tout bellement,
La Cour est d'un monde suivie,
Les presidens se font prier;
Desja, pour vendre une Silvie,
Targa s'égorge de crier.

Les procureurs cherchent pratique,
Chaque mercier dans sa boutique
Travaille d'un soin diligent,
On voit grossir la populace,
Et pour se prester de l'argent,
Les changeurs courent à la place.

Les paveurs reparent les ruës,
Les maçons avecques leurs gruës
Elevent de pesants rochers,
Les sculpteurs polissent des marbres,
Et jusqu'au faiste des clochers
Les charpentiers levent des arbres.

Durval

On lit dans l'Université,
On trafique dans la Cité,
Et dans la ville on se promeine;
Les Gardes sortent des faux-bourgs,
Ils vont après leur capitaine,
Et marchent au son des tambours.

Les perroquets sont aux fenestres,
Les cochers vont querir leurs maistres
Au Louvre, à l'église, au Palais,
Les facteurs des messageries
D'Angers, de Lyon, de Calais,
Arrivent aux hostelleries.

Le disner est tout preparé,
Tout exercice est differé,
Les chevaux quittent le manege,
Les pages sont las de troter,
Les enfans sortent du college,
Les prestres viennent de chanter.

L'aiguille des montres solaires
Marque la moitié des salaires
Qu'on doit aux pauvres journaliers,
Peu s'en faut que midy ne sonne,
Desja par tout les sommeliers
Despensent le vin qu'on leur donne.

Le bourgeois traite ses amis,
Chez les grands le couvert est mis,
Aux convents on benit la table,
Le bœuf et le mouton est cuit,
On gouste le vin delectable,
Les servans apprestent le fruit.

Durval

Et moy qui me lasse d'escrire,
Je ne me puis tenir de rire
De tant de visages divers;
Je serre donc mon escritoire,
Et cesse de faire des vers,
Afin de manger et de boire.

Durval

UN PETIT MOULIN A VENT

... Ma mine est fort peu cavaliere.
Mon visage est faict de maniere
Qu'il tient moins du beau que du laid,
Sans estre choquant tout à faict.
Dans mes yeux deux noires prunelles
Brillent de maintes etincelles.
J'ay le nez pointu, je l'ay long,
Je l'ay mal faict; mais je l'ay bon,
Et je sens venir toutes choses
De plus loin qu'on ne sent les roses;
Enfin j'ose dire en un mot
Que je n'ay pas le nez d'un sot.

Malgré les ans et la fortune,
Ma chevelure est encor brune.
Mon teint est jaune et safrané,
De la couleur d'un vieux damné,
(Pour le moins qui le doit bien estre,
Ou je ne sçay pas m'y connoistre).
Soit par hasard ou par despit,
La nature injuste me fit
Court, entassé, l'espaule grosse.
Au milieu de mon dos, je hausse
Certain amas d'os et de chair
Faict en pointe comme un clocher.

Saint-Pavin

Mes bras, d'une longueur extresme,
Et mes jambes presque de mesme
Me font prendre le plus souvent
Pour un petit moulin à vent.

Je suis composé de matiere
Fort combustible et peu grossiere;
J'ay de l'enjoûment, j'ay du feu :
Qu'il m'en reste beaucoup ou peu,
N'importe; il s'en faut satisfaire,
Quand on s'en trouve assez pour plaire.
Je ne suis point homme borné :
Mon esprit n'est pas mal tourné;
Je l'ay vif dans les reparties
Et plus piquant que les orties.
Je ne laisse pas d'estre adroit,
Complaisant, mesme un peu coquet;
Mais ce n'est pas pour la coquette :
Près d'elle fort peu je m'arreste,
Et je croirois passer pour fat
Si je n'estois plus delicat.

Je suis tantost gueux, tantost riche;
Je ne suis liberal, ny chiche;
Je ne suis ny fascheux, ny doux;
Sage, ny du nombre des fous;
Et je suis cela tout ensemble,
Sans que personne me ressemble.
Enfin je trouve tout egal,
Et je ne fai ny bien ni mal.
La coutume, à qui l'on defere
Comme l'enfant faict à sa mere,

Saint-Pavin

Ne peut, toute forte qu'elle est,
M'emporter qu'à ce qui me plaist.
L'ambitieuse frenesie,
La vengeance, la jalousie,
Grands trouble-festes de l'esprit,
Ont sur le mien peu de crédit.
J'aime à railler, mais sans mesdire
Et resjoüir sans faire rire,
Parler sans me faire escouter,
Et je veux plaire sans flatter...

Saint-Pavin

POUR UNE INCONSTANTE

Elle aime, et n'aime plus, et puis elle aime encore,
La volage beauté que je serts constamment;
L'on voit ma fermeté; l'on voit son changement;
Et nous aurions besoin, elle et moy, d'ellebore.

Cent fois elle brusla du feu qui me devore;
Cent fois elle esteignit ce foible embrazement;
Et semblable à l'Egipte, en mon aveuglement,
C'est un cameleon que mon esprit adore.

Puissant maistre des sens, escoute un mal-heureux;
Amour, sois alchimiste, et sers toy de tes feux,
A faire que son cœur prenne une autre nature;

Comme ce cœur constant me seroit un thresor,
Je ne demande point que tu faces de l'or,
Travaille seulement, à fixer ce mercure.

Scudéry

CHANSON

Les demoiselles de ce temps
Ont depuis peu beaucoup d'amans,
On dit qu'il n'en manque à personne,
L'année est bonne.

Nous avons veû les ans passez,
Que les galans estoient glacez;
Mais maintenant tout en foisonne,
L'année est bonne.

Le temps n'est pas bien loin encor
Qu'ils se vendoient au poids de l'or,
Et pour le present on les donne,
L'année est bonne.

Le soleil de nous rapproché,
Rend le monde plus échauffé;
L'amour regne, le sang boüillonne,
L'année est bonne...

Voiture

STANCES
A MONSIEUR DE CHARLEVAL

Mon cher Thyrcis, dequoy t'estonnes-tu
De voir Cloris coquette et coquetée?
Le siecle en est, et la pauvre vertu
Constance est morte, et n'est pas regretée.

L'Inde a moins d'or et moins de perroquets,
Que Paris n'a de coquets et coquettes;
La mode en est et jusqu'à nos laquais,
Qui sont trompez, et trompent les soubrettes,

Mais de tout temps les coquets ont chanté;
Et si Jason n'eust coqueté Medée,
Il n'eust jamais en Grece raporté
Cette toison si fierement gardée.

D'esprit coquet les deesses estoient
D'aller ainsi sans connoistre un jeune homme
Luy decouvrir tout ce qu'elles portoient,
Et luy monstrer le cu pour une pomme.

Le croirais-tu? cette prude beauté,
Que dans ses vers Homere a tant chantée,
De cent galans et l'hyver et l'esté
Pendant vingt ans fut tousjours coquetée.

Sarasin

Estonne-toy maintenant que Cloris
D'un seulement ne soit point satisfaite,
Puis qu'elle est femme, et femme de Paris;
Ce qui s'appelle en bon françois coquette.

Ton bel esprit, ta grace, tes beaux vers,
Charme des cœurs, delices de la France,
Meriteroient en un temps moins pervers
Beaucoup d'amour et beaucoup de constance.

Mais toutesfois pour ne te point flater,
Il faut qu'enfin je te die à l'oreille,
Tu ne fais rien partout que coqueter,
Et ta Cloris te traite à la pareille.

Sarasin

AIR

Ma jeune bergère,
Dites-moi pourquoi
Votre cœur n'est plus à moi ?
Est-ce ainsi, légère,
Qu'on manque de foi ?

Je suis un peu fière,
Et hais les amours
Quand ils sont de si long cours.
Constante ou legère,
On m'aime toujours.

Ma belle bergère
Je hais à changer ;
Mais on a beau m'engager,
Quand on est légère
Je deviens léger.

Maucroix

POUR MOI, J'AIME UN CHACUN

PHYLIS :

... Pour moi, j'aime un chacun, et sans rien négliger,
Le premier qui m'en conte a de quoi m'engager;
Ainsi tout contribue à ma bonne fortune;
Tout le monde me plaît et rien ne m'importune.
De mille que je rends l'un de l'autre jaloux,
Mon cœur n'est à pas un, et se promet à tous;
Ainsi tous à l'envi s'efforcent à me plaire;
Tous vivent d'espérance, et briguent leur salaire;
L'éloignement d'aucun ne saurait m'affliger,
Mille encore présents m'empêchent d'y songer.
Je n'en crains point la mort, je n'en crains point le change;
Un monde m'en console aussitôt ou m'en venge.
Le moyen que de tant et de si différents
Quelqu'un n'ait assez d'heur pour plaire à mes parents?
Et si quelque inconnu m'obtient d'eux pour maîtresse,
Ne crois pas que j'en tombe en profonde tristesse :
Il aura quelques traits de tant que je chéris,
Et je puis avec joie accepter tous maris...

Corneille

[ALIDOR]

ALIDOR :

Comptes-tu mon esprit entre les ordinaires ?
Penses-tu qu'il s'arrête aux sentiments vulgaires ?
Les règles que je suis ont un air tout divers :
Je veux la liberté dans le milieu des fers.
Il ne faut point servir d'objet qui nous possède;
Il ne faut point nourrir d'amour qui ne nous cède;
Je le hais s'il me force; et quand j'aime, je veux
Que de ma volonté dépendent tous mes vœux,
Que mon feu m'obéisse au lieu de me contraindre,
Que je puisse à mon gré l'enflammer et l'éteindre,
Et toujours en état de disposer de moi,
Donner quand il me plaît et retirer ma foi.
Pour vivre de la sorte Angélique est trop belle :
Mes pensers ne sauraient m'entrenir que d'elle;
Je sens de ses regards mes plaisirs se borner;
Mes pas d'autre côté n'oseraient se tourner;
Et de tous mes soucis la liberté bannie
Me soumet en esclave à trop de tyrannie.
J'ai honte de souffrir les maux dont je me plains,
Et d'éprouver ses yeux plus forts que mes desseins.
Je n'ai que trop langui sous de si rudes gênes;
A tel prix que ce soit, il faut rompre mes chaînes,
De crainte qu'un hymen, m'en ôtant le pouvoir,
Fît d'un amour par force un amour par devoir.

CLÉANDRE :

Crains-tu de posséder un objet qui te charme ?

Corneille

ALIDOR :

Ne parle point d'un nœud dont le seul nom m'alarme.
J'idolâtre Angélique; elle est belle aujourd'hui,
Mais sa beauté peut-elle autant durer que lui ?
Et pour peu qu'elle dure, aucun me peut-il dire
Si je pourrai l'aimer jusqu'à ce qu'elle expire ?
Du temps, qui change tout, les révolutions
Ne changent-elles pas nos résolutions ?
Est-ce une humeur égale et ferme que la nôtre ?
N'a-t-on point d'autres goûts en un âge qu'en l'autre ?..

Corneille

BULLES, OISEAUX, NUAGES...

Esprits de plume et d'air,
démons de l'inconstance.

SCUDERY

1

Bulle, Balle, Neige...

Ah ! tout l'air est remply de papillons perlez...
Comme leur danse est belle !...

BUSSIÈRES

[FLEURS, BULLES...]

Mais si faut-il mourir, et la vie orgueilleuse,
Qui brave de la mort, sentira ses fureurs,
Les Soleils haleront ces journalieres fleurs,
Et le temps crevera ceste ampoulle venteuse,

Ce beau flambeau, qui lance une flamme fumeuse,
Sur le verd de la cire esteindra ses ardeurs,
L'huyle de ce tableau ternira ses couleurs
Et ces flots se rompront à la rive escumeuse.

J'ay veu ces clairs esclairs passer devant mes yeux,
Et le tonnerre encor qui gronde dans les cieux,
Où d'une, ou d'autre part, esclattera l'orage.

J'ay veu fondre la neige, et ses torrents tarir,
Ces lyons rugissants je les ay veus sans rage,
Vivez, hommes, vivez, mais si faut-il mourir.

Sponde

UN SONGE PASSAGER

Est-il rien de plus vain qu'un songe mensonger,
Un songe passager vagabond et muable ?
La vie est toutefois au songe comparable
Au songe vagabond muable et passager :

Est-il rien de plus vain que l'ombrage leger
L'ombrage remuant, inconstant, et peu stable ?
La vie est toutefois à l'ombrage semblable
A l'ombrage tremblant sous l'arbre d'un verger :

Aussi pour nous laisser une preuve asseuree
Que ceste vie estoit seulement une entree
Et depart de ce lieu, entra soudainement

Le sage Pythagore en sa chambre secrette
Et n'y fust point si tost, ô preuve bien tost faite !
Comme il en ressortist encor plus vistement.

Chassignet

LA LAMPE ENFUMÉE

Nostre vie est semblable à la lampe enfumée;
Aus uns le vent la fait couler soudainement,
Aus autres il l'esteint d'un subit soufflement
Quant elle est seulement à demi allumée.

Aus autres elle luit jusqu'au bout consumée,
Mais en fin sa clarté cause son bruslement.
Plus longuement elle art, plus se va consumant,
Et sa foible lueur ressemble à sa fumée.

Mesme son dernier feu est son dernier cotton
Et sa derniere humeur, que le trespas glouton
Par divers intervalle, ou tost, ou tard consume.

Ainsi naistre et mourir aus hommes ce n'est qu'un,
Et le flambeau vital, qui tout le monde allume,
Ou plus tost ou plus tard, s'eslougne d'un chacun.

Chassignet

[BULLE, SONGE ET FUMÉE]

Qu'est-ce de vostre vie? une bouteille molle
Qui s'enfle dessus l'eau, quant le ciel fait pleuvoir
Et se perd aussi tost comme elle se fait voir,
S'entre-brisant à l'heurt d'une moindre bricole;

Qu'est-ce de vostre vie? un mensonge frivole
Qui sous ombre du vray nous vient à decevoir,
Un songe qui n'a plus ny force, ny pouvoir
Lors que l'œil au resveil sa paupiere decole;

Qu'est-ce de vostre vie? un tourbillon roüant
De fumiere à flos gris, parmy l'air se joüant,
Qui passe plus soudain que la foudre meurdriere.

Puis vous negligerez dorenavant le bien
Durable, et permanent, pour un point, qui n'est rien
Qu'une confle, un mensonge, un songe, une fumiere.

Chassignet

[BULLE ET OMBRE]

Desires-tu sçavoir à quoy je parangonne
Le fuseau de tes ans? Au savon blanchissant
Soufflé par un tuyau de paille jaunissant,
Dont un fol enfançon ses compagnons estonne;

En son lustre plus beau sa gloire l'abandonne,
Au moindre choc de l'air, fragile, se froissant;
Ainsi devers le soir va la fleur ternissant,
Qui, sur le point du jour, vermeillement fleuronne.

L'ombre est tantost icy, et puis soudainement
Elle s'evanouit; ainsi legerement
S'enfuit la vie humaine, inconstante et volage.

Aveugle, cependant, sur tes jours passagers
Tu fondes ton espoir, qui passent plus legers
Que ne fait le savon, ny la fleur, ny l'ombrage.

Chassignet

CETTE VIE EST DE PLUME

Si l'homme icy vivant semble au traict empenné
Qui, tiré, vole en l'air comme au champ de l'orage,
Cette vie est de plume, et de vent son passage,
Son passage est le monde où tout vole estant né.

Comment donc tiendra roide à ce vent forcené,
Qui tout roule au tombeau, la plume si volage?
Non, non, suyvons ce vent qui nous porte au voyage,
Et nostre esprit ne soit de l'orage estonné.

Pour le corps, non pour l'ame, est la traverse faite;
L'ame veille à l'abry du choc de la tempeste,
Et, à l'erte à l'effroy, laisse dormir le corps.

Que si par mort à temps ces traicts humains s'effacer
Suyvant Christ, non d'Hélie et d'Hénoc les transpor
Par la porte du Chef fault que les membres passent.

Fiefmelin

COSMOLOGIE

Boule, belle au dehors moins qu'au dedans immonde,
N'ayant fruicts qu'en peinture en leur surface beaux,
Mais fondez sur les vents qui sont leurs arbrisseaux,
Roulant comme un estoeuf la forme de ce monde;

Crystal beau, mais coulant et s'escoulant en onde;
Route de l'aigle en l'air; passe de nef en eaux;
Glissade de serpent sur les pierreux coupeaux;
Trac qu'à la trace en vain pour le voir on seconde;

Poinct de cercle invisible enterré soubs les cieux;
Fleur de prime mourant soudain que née aux yeux;
Flux d'eaux roulant sans cesse; aure en l'air agitée;

Heureux qui vous cognoit du monde le tableau!
Et plus heureux qui n'a sur vous l'ame arrestée!
Mais qui est tel! ah Dieu! Nul fors l'homme nouveau.

Fiefmelin

SUR LA MORT DE POLEMANDRE COMPAREE A UNE FUZEE

Traict de poudre enflammé, qu'un peu de feu desserr
A qui le luire est vivre, et le vivre est monter,
Que l'on voit resplendir, que l'on voit esclater,
Or' comme une Comete, ores comme un tonnerre.

Brave dragon de feu, qui sifflant loing de terre
Te voudrois comme un astre au ciel faire adopter,
A l'entreprendre hardi, foible à l'exécuter,
En aspirant heureux, mourant tu fais la guerre.

Le sort qui de l'effect te desrobe le pris,
Te laisse au moins l'honneur de l'avoir entrepris;
Et c'est en quoy ta gloire esgale ton dommage.

Car ayant de disgrace autant que de valeur,
Tu ne peux mourir bas avecques ton courage,
Ni ne peux vivre en haut avecques ton malheur.

Laugier de Porchères

ELLE NE PÈSE PAS

Elle ne pese pas une aulne de dentelle,
Une livre de plume, une fueille d'œillet,
Un ciron de deux jours, la pince d'un colet,
Et la septiesme part d'un morceau de ficelle.

Elle se fait traisner, la Nymphe de Cotelle,
Et son coche, et son train, par un cheval malet;
Lors qu'elle a dans la poche un gant ou un poulet,
Sous ce pesant fardeau son petit corps chancelle.

Du Louvre aux Augustins, sans prendre de basteau,
Elle passe souvent dans le fonds d'un plasteau;
Il la faut enlever : soufflons à la pareille!

Son vertugadin s'enfle, elle va s'esbranler,
Sans qu'elle tombe en bas, soustenons la en l'air,
Comme on fait de savon en l'air une bouteille.

Sigogne

STANCES

Cette petite Dame au visage de cire,
Ce manche de cousteau propre à nous faire rire,
Qui a l'œil et le port d'un antique rebecq,
Merite un coup de becq.

Elle a la bouche et l'œil d'une chate malade,
L'auguste majesté d'une vieille salade;
Sa petite personne et son corps de brochet
Resemble un trebuchet.

La voyant pasle et triste en sa blancheur coiffee,
Les Dieux de nos ruisseaux l'estiment une fee,
Les autres un lapin revenu d'un boüillon,
Ou bien un papillon.

Le moindre petit vent, pour soulager sa peine,
Comme vent de lutins la porte à la fonteine,
Car elle poise moins, la Nymphe du jardin,
Que son vertugadin.

Je consacre en ces vers sa teste de linotte,
Afin que tous les fols en facent leur marotte,
Et veux que de son corps, mistement Damoiseau,
On en face un fuzeau.

Sigogne

FOLLETTE

AVANTURES ENIGMATIQUES D'UNE DAME FORT LÉGÈRE

Esprit plus mouvant que les Cieux,
J'éprouve en bruslant à vos yeux,
Qu'on s'aime quand on se ressemble.
Si je trouve en vous tant d'appas,
C'est qu'un feu léger nous assemble.
Mais puis que nous sommes ensemble,
Follette, un petit mot : ne vous envolez pas.

Puisque je vous tiens sur le poing,
De grace épargnez-moy le soing
De vous accrocher par la juppe.
Je crains que l'humeur de voler
Ne se glisse sous vostre huppe,
Et que quelque vent ne me duppe,
Maintenant qu'à loisir je vous veux cajoller.

Quel déplaisir pour un amant,
Lors qu'au milieu du compliment
Un prompt zephyre vous empaume!
Que rien ne vous peut retenir!
Et que ce petit corps d'atome,
Plus sec et léger que du chaume,
Ne cesse à tous moments d'aller, et de venir!

La Mesnardière

Il me souvient que l'autre jour,
Comme je vous parlois d'amour,
Vous sortîtes par la fenestre;
Que vous disparûtes en l'air;
Et volant pardessus Bissestre,
Que jamais on ne put connaistre
Qui passoit sur ces lieux, de vous, ou d'un esclair.

Pourtant depuis cette action
J'ay senti que ma passion
Me tourmente bien davantage.
Mais qui ne seroit tourmenté,
Pour peu qu'il ait le cœur volage,
Voyant sous ce petit corsage
Un esprit tout divin pour sa légéreté?

Les anges, ces grans mouscherons,
Ont beau vanter leurs aislerons
Et leur vitesse peu commune,
Je veux souffrir mille trépas,
Si pour se rendre avant la brune
D'ici jusqu'au ciel de la lune,
Vous n'allez leur donner plus de vingt mille pas.

Pour vous, ces oyseaux passagers,
Qui se piquent d'estre légers,
Sont plus pesans qu'une choüette.
Cét emerillon de levant
Qui vous prît pour une alloüette,
A voir vostre taille floüette,
Vous vola plus d'une heure, et ne prit que du vent.

La Mesnardière

Ce corps si mince et si floüet
Ne sert pourtant pas de joüet
A tout amant qui le souhaitte.
Il faut estre fait à son poinct;
Ou cet esprit de gyroüette,
Quoy qu'on tourne, et qu'on pyroüette,
Fuit, esquive, s'eschappe, et ne s'arreste point...

... Allons donc au païs des vents,
Bons juges des estres mouvans,
Mettre nos vertus en pratique.
On m'a dit que les aquilons
Font des merveilles en Afrique,
Et que d'un souffle magnifique
Ils portent jusqu'au ciel des monceaux de sablons.

C'est là qu'Eole, et ses supposts,
Qui passent pour gens tres-dispos,
Jugeront de nos entreprises.
Dieux! qu'ils en vont estre jaloux!
Mais nous sommes long-temps aux prises,
Et vous aimez bien les sottises.
Adieu. Follette, adieu. Je suis fort las de vous.

La Mesnardière

LA NEIGE

Douce laine du ciel, belle fleur des nuées,
Beau lis, qui de l'hyver mesprises les gelées,
Neige qui te nourris au milieu des deux airs,
Espanche tes thresors sur ces tristes deserts;
Donne-nous largement ces füeilles argentées,
Qui te sont chaque jour par l'aquilon portées;
Ouvre tes beaux palais, et donne un vestement
A nos champs dépoüillez de tout autre ornement.
On dit que cét argent que tu jettes en lames
Renferme dans son sein quelques esprits de flammes;
Que tu n'as de froideur que pour l'attouchement,
Et que la terre en toy trouve son aliment;
Que luy pressant le flanc de tes eaux temperées,
Tu remplis de pur sang ses veines alterées;
Vien donc, riche toison, r1re essence de l'eau;
Inonde nos guerets d'un fertille ruisseau.

Ah nymphe, je te voy, qui d'une main d'yvoire
Ouvres à nos desirs les pompes de ta gloire;
Je voy qu'en te joüant tu fais des pelotons,
Que de ton beau metal tu forges des jettons,
Que prodigue sur nous à l'instant tu les semes,
Faisant voir par tes dons à quel point tu nous aimes.
Ah, tout l'air est remply de papillons perlez;
Par tout on void blanchir ces fantosmes aislez.
Comme leur danse est belle! et comme leur albatre
Virevolte par l'air roulant d'un pas folâtre!
Comme ils vont se heurtans, sans se faire nul mal!
Comme en freres parfaits ils se traitent d'égal!
Comme sur le terrein l'un à l'autre s'abouche!
Comme ils font estendus une agreable couche!...

Bussières

L'HYVER DES ALPES

Ces atomes de feu qui sur la neige brillent,
Ces estincelles d'or, d'azur et de cristal
Dont l'hyver, au soleil, d'un lustre oriental
Pare ses cheveux blancs que les vents esparpillent;

Ce beau cotton du ciel dequoy les monts s'habillent,
Ce pavé transparant fait du second metal,
Et cet air net et sain, propre à l'esprit vital,
Sont si doux à mes yeux que d'aise ils en petillent.

Cette saison me plaist, j'en ayme la froideur;
Sa robbe d'innocence et de pure candeur
Couvre en quelque façon les crimes de la terre.

Aussi l'Olympien la void d'un front humain;
Sa collere l'espargne, et jamais le tonnerre
Pour desoler ses jours ne partit de sa main.

Saint-Amant

PARAPHRASE SUR LE CANTIQUE DES TROIS ENFANTS

Benedicite omnis imber.

. . . Exhalaisons alambiquées
Qui noyez la terre à dessein
De faire un tableau de son sein
Gros de semences suffoquées;
Source des orgueilleux torrens
Qui sur nos campagnes errans
Les desolent par leurs ravines;
Benissez le juste desir
Du Dieu qui veut par ces ruines
Edifier nos cœurs détruits par le plaisir.

Benedicite Ros Domino.

Grains de crystal, pures rosées
Dont la marjoleine et le thin
Pendant leur feste du matin
Ont leurs couronnes composées;
Liquides perles d'Orient,
Pleurs du ciel qui rendez riant
L'esmail mourant de nos prairies;
Benissez Dieu qui par les pleurs
Redonne à nos ames fletries
De leur éclat perdu les premieres couleurs...

Martial de Brives

Benedicite rores et pruina.

. . . Bruine, rosée espaissie
Dont les grains clairs et détachez,
Sur le bout de l'herbe attachez,
La rendent chenuë et transie;
Crystal en poussiere brisé,
Dont l'émail des prés est frizé
Au poinct que le ciel se colore;
Subtil crespe de verre traict
Eschapé des mains de l'Aurore,
Benissez à jamais celuy qui vous a faict.

Benedicite glacies.

Glace, muraille toûjours fresche,
Luisant azyle des poissons
Interdisant aux hameçons
D'y venir que par une bresche;
Claire crouste des moites eaux,
Glissante escorce des ruisseaux,
Solide pavé des rivieres;
Benissez le maistre des flots
Qui sçait dompter leurs bosses fieres,
Les durcissant en plaine ouverte aux chariots.

Benedicite nives.

Belle soye au ciel raffinée,
Neige dont l'air se deschargeant
Comme d'une toison d'argent
Rend la campagne couronnée;
Blanc du ciel par qui sont couverts
Les lieux qui souloient estre verds,

Martial de Brives

Tremblant albastre de nos plaines;
Benissez l'auguste grandeur
Du Juge des grandeurs humaines,
Qui veut qu'on le benisse en esprit de candeur.

Benedicite Noctes.

Triste nuict de qui les mains sombres
Passant partout un noir pinceau
Du monde, admirable tableau,
Ne laissent que les seules ombres;
Vous qui confondez sur les fleurs
La diversité des couleurs
Dont le jour les rend esmaillées;
Benissez Dieu qui de sa main
Au matin les leur a baillées,
Et les leur oste au soir pour les rendre demain...

Martial de Brives

PARAPHRASE SUR LE PSAUME LAUDATE DOMINUM :

Et Ignis

... Sphere de feu, claire machine,
Fournaise assise dessus l'air
Où semble se rendre plus clair
L'argent de la lune voisine;
Ocean des flots embrasez
Vers qui nos feux apprivoisez
Poussent leurs flammes enfermées;
Loüez le Dieu de la beauté,
Et que vos ardeurs reformées
Ne soyent plus envers luy qu'ardeurs de charité.

Et Grando

Et vous, venimeuse dragée
Qui faites mourir nos moissons,
Et par qui nous recognoissons
La beauté des fleurs outragée;
Gresle, succre pernicieux
Sous qui l'artifice des cieux
Cache le fiel de sa colere;
Loüez le Dieu de l'univers,
Qui voulant punir sans déplaire,
Ne nous ose frapper que par des fleaux couverts.

Martial de Brives

Et Nix

Celeste et delicate laine,
Neige dont les floccons liez
Sont de grands tapis dépliez
Sur la surface de la plaine;
Litiere de l'air espessy,
Marbre sous l'yvoire adoucy,
Couche des perles distillées;
Louez d'un estude jaloux
L'adorable Lys des vallées,
Qui vous faict la faveur d'estre blanc comme vous.

Glacies

Glace, belle crouste de l'onde,
Qui formez de vostre clarté
Jointe à vostre fragilité
Le miroir des choses du monde;
Estincelant et fresle sceau,
Qui cachettez les plys de l'eau,
Transparent lambris des fontaines;
Louëz l'Artisan souverain
Qui sçait par des regles certaines
Communiquer à l'eau la trempe de l'airain...

Martial de Brives

CONDUITE D'ABANDON A DIEU

Air : *Taisez-vous ma musette.*

O paisible silence,
Tu fais tout mon plaisir !
Une simple condescendance
Me fait au silence mourir.

Je me tais, et je parle,
Comme par un ressort;
Je suis tout ainsi qu'une bale,
Qu'un homme pousse avec effort.

Quelquefois on m'élève
Avec un bras puissant;
Puis on me donne quelque trève;
Alors mon pas est languissant.

Je vais, je viens, je roule
Pour atteindre à mon but;
Mais il survient une autre boule
Qui me donne d'un prompt début.

Je cours avec vitesse,
Et je n'attrape rien;
Et si personne ne me presse,
Ma course se termine bien.

Madame Guyon

Si je ne suis poussée,
Je demeure en repos;
Mais sitôt que je suis pressée,
Je vais ou trop bas ou trop haut.

Pour ce qui me concerne,
Je n'ai point de penchant;
Allant tout ainsi qu'on me mène,
Tous lieux me sont indifférents.

Quelquefois je recule,
Et j'en avance mieux;
Mon chemin paroît ridicule;
Et par lui j'arrive où je veux.

Je demeure inutile,
Quelquefois bien longtems;
Ensuite une main très-habile
Me pousse, et c'est son passetems.

Enfin je laisse faire
Tout ce qu'on veut de moi,
Soit pour agir, soit pour me taire;
Je sers aux plaisirs de mon Roi.

Quelquefois je me crotte
Poursuivant mon chemin;
Et d'autrefois on me rabotte,
Afin que je n'arrête à rien.

Celui qui me gouverne,
Sait mon foible et mon fort;
C'est lui qui me mène et ramène;
Pour moi, je ne fais nul effort.

Madame Guyon

Je suis dans l'équilibre;
Le moindre mouvement,
Sans que j'aie de penchant libre,
Me fait courir rapidement.

On me croiroit vivante,
En me voyant courir;
Je n'ai pourtant ni choix ni pente,
Pour me faire aller et venir.

Je vais comme on me mène,
Ou fort ou lentement;
Et qui le veut me meut sans peine;
Je ne suis qu'un vil instrument.

Madame Guyon

2

Oiseaux, Lucioles, Vents

Un tourbillon de plumes et de sons.
SAINT-AMANT

|LA VOLIÈRE|

... Tantost dans l'onde, où brille leur image,
Noyans leur soif et baignans leur plumage,
Ils meurent d'aise, et pensent en ces eaux
Sein contre sein baiser d'autres oyseaux;
Tantost surpris d'une approche indiscrete
Qui les effraye en leur loge secrette,
Ils gagnent l'air d'un vol pront et bruyant,
Et tout le gros alarment en fuyant;
Tantost en file ils passent et repassent,
Tantost en globe à l'instant ils s'amassent,
Et font ainsi tout autour des buissons
Un tourbillon de plumes et de sons...

Saint-Amant

LE CONTEMPLATEUR

... Tantost, nous allant promener
Dans quelque chaloupe à la rade,
Nous laissons après nous traisner
Quelque ligne pour la dorade.
Ce beau poisson, qui l'apperçoit,
Pipé de l'espoir qu'il conçoit,
Aussi tost nous suit à la trace.
Son cours est leger et bruyant,
Et la chose mesme qu'il chasse
En fin l'attrape en le fuyant.

Quelquefois, bien loing ecarté,
Je puise, pour apprendre à vivre,
L'histoire ou la moralité
Dans quelque venerable livre;
Quelquefois, surpris de la nuit
En une plage où pour tout fruit
J'ay ramassé mainte coquille,
Je reviens au chasteau, resvant,
Sous la faveur d'un ver qui brille
Ou plustost d'un astre vivant.

O bon Dieu! m'escriay-je alors,
Que ta puissance est nompareille
D'avoir en un si petit corps
Fait une si grande merveille!
O feu qui, tousjours allumé,
Brusles sans estre consumé!
Belle escarboucle qui chemines,
Ton éclat me plaist beaucoup mieux
Que celuy qu'on tire des mines,
Afin d'ensorceler nos yeux!

Saint-Amant

Tantost, saisi de quelque horreur
D'estre seul parmy les tenebres,
Abusé d'une vaine erreur,
Je me feins mille objets funebres;
Mon esprit en est suspendu,
Mon cœur en demeure esperdu,
Le sein me bat, le poil me dresse,
Mon corps est privé de soustien,
Et, dans la frayeur qui m'oppresse,
Je croy voir tout, pour ne voir rien.

Tantost, delivré du tourment
De ces illusions nocturnes,
Je considère au firmament
L'aspect des flambeaux taciturnes;
Et, voyant qu'en ces dous desers
Les orgueilleux tyrans des airs
Ont appaisé leur insolence,
J'escoute, à demy transporté,
Le bruit des ailes du Silence,
Qui vole dans l'obscurité...

Saint-Amant

[LES LUCIOLES]

... Quand tout fut accomply, les heures tenebreuses
Ornoyent le firmament de lumieres nombreuses;
On descouvroit la lune, et de feux animez
Et les champs et les airs estoyent dejà semez.
Ces miracles volans, ces astres de la terre
Qui de leurs rayons d'or font aux ombres la guerre,
Ces tresors où reluit la divine splendeur,
Faisoyent déjà briller leurs flames sans ardeur;
Et dejà quelques uns, en guise d'escarboucles,
Du beau poil de Marie avoyent paré les boucles;
Dejà les rossignols chantoyent sur les buissons;
On oyoit dans le Nil retomber les poissons;
Le silence paisible et l'horreur solitaire
Contraignoyent doucement les hommes à se taire.
Taisons-nous donc, ô Muse! et jurons en ce lieu
De ne parler jamais qu'à la gloire de Dieu.

Saint-Amant

[LA PÊCHE]

... Mais dans l'onde dejà cette guerre s'allume,
Dejà le crin retors que le plomb et la plume
Tire au fond et retient, à l'œil est desrobé,
Et dejà sous l'appast le piege recourbé
Offre au poisson beant, mu d'une brusque envie,
Sa veritable mort sous une ombre de vie;
Dejà la canne ploye, et, dejà haut en l'air,
Le nageur estant pris vole comme un eclair.
Il s'y secoue en vain, de sa cheute on s'approche,
On y court, on le prend, du fer on le descroche;
Il s'échappe des doigts, tombe, sautelle, fuit,
Fait voir mille soleils en l'escaille qui luit,
Bat l'herbe de sa queue, et, sur la plaine verte,
D'une bouche sans cry, de temps en temps ouverte,
Baille sans respirer, comme né sans poumon,
Et laisse à qui l'estraint un reste de limon...

... Se sentant pris au piege, il s'agite dans l'onde,
Va deça, va delà, d'une erreur vagabonde,
Tasche à rompre le poil, fait branler le roseau;
Mais enfin de poisson on le change en oyseau.
Il forme un arc en l'air, des aillerons le couppe,
Ainsy qu'ont dejà fait les autres de sa trouppe;
On le saisit de mesme, et comme eux sur l'arpent,
Si tost qu'il est lasché, d'oyseau devient serpent...

Saint-Amant

UNE VOIX EMPLUMÉE

... Où la forest est la plus sombre,
Oyez la Sirène des bois,
Le Rossignol, qui n'est que voix,
Son corps faisant à peine une ombre;
Oyez cet atome sonnant,
Qui va toujours s'entretenant
De sa douleur accoustumée;
Ce petit oyseau désolé
N'est plus qu'une voix emplumée,
Un son volant, un chant aislé.

Quelle chose delicieuse,
D'ouyr tant de divers accords,
Qui ne partent, au lieu d'un corps,
Que d'une plume harmonieuse;
Il hausse, il baisse, il se soustient.
Le mignard resveur s'entretient
Du desplaisir qui le consume;
Mais bien qu'il soit chantre sçavant,
Sous un leger habit de plume,
Ce n'est rien qu'un souffle vivant...

Scudéry

OYSEAUX, LUTHS ANIMEZ

... Cloris, envoyez vos valets
Couvrir tout de lys et d'œillets
Faire par tout des jours de soye,
Qu'ils peignent sur le front de la terre et de l'eau
Le Ris fils de la joye,
Les aisles d'un zephir serviront de pinceau.

Et vous oyseaux, luths animez,
Vivants concerts qui me charmez,
Chantres naturels des villages,
Aimables fugitifs, ames de nos buissons,
Ames de nos rivages,
Venez l'entretenir de vos belles chansons.

Charmez ses justes déplaisirs
Par vos melodieux soûpirs,
Volantes voix, troupes aislées,
Artizans des fredons, delices de nos champs,
Hostes de nos vallées,
Venez benir le Dieu qui façonne vos chants.

Philomele reyne des airs,
Musicienne de nos desers,
Muse champestre des bocages,
Amante des forests, syrene de nos bois,
De vos plus doux ramages
Rejoûissez le Dieu qui vous donne la voix.

Du Bois Hus

Resonante fille de l'air,
Nymphe qui te plais à voler
Dans le creux de cette colline;
Echo, preste l'oreille aux concerts ravissans
De sa bouche divine,
Et tu ne diras plus que des mots innocens...

Du Bois Hus

BENEDICITE OMNES VOLUCRES

... Oyseaux qui par vos beaux plumages
Tenez l'œil de l'homme ravy,
Et qui ravissez à l'envy
Son oreille par vos ramages;
Voix visibles, sons emplumez,
Luths vivans, orgues animez,
Doux chantres qui sans tablature,
Sans estude et sans precepteur
Chantez avec art par nature,
Assistez la Nature à benir son autheur...

Martial de Brives

VIVES ET VOLANTES GALÈRES...

... Vives et volantes galères,
Oyseaux en qui nous admirons
Des plumes au lieu d'avirons
Fendre l'air malgré ses colères;
Chantres polis dans les déserts
Qui faites honte à nos concerts
Par vos délicieux ramages;
Louez Dieu de vos douces voix,
Et ces angéliques hommages
Vous feront appeller les Anges de nos bois...

Martial de Brives

LE PAPILLON

... As-tu jamais veu de l'Albastre
Plus net et plus pur que ce blanc?
Vois-tu cette couleur de sang?
Ce noir, ce tané, ce jaunastre?

Remarque icy le sombre éclat
De la pourpre et de l'amarante,
Voy comme elle devient mourante,
Auprès de ce vif incarnat.

Observe une belle muance
Dans ce petit cerne azuré,
Et que ce verd et ce doré
Font une discrette nuance.

Pour moy, je croy que ce voleur,
De chaque fleur dont ce parterre
Colore le sein de la terre,
A pris un peu de la couleur.

L'herbe n'est pas tant émaillée
Au renouveau de l'univers;
Jamais d'un pinceau si divers
Ne fut la tulippe broüillée.

Icy paroist en racourcy
La brune violette éclose,
L'œillet, l'anemone, la rose,
Le lys, le pavot, le soucy.

Perrin

Toutes les richesses qu'étale
La diverse et brillante Iris,
Et tous les charmants coloris
Du rare et precieux opale;

Tout ce que d'azur ont les cieux,
Ce que la terre a de verdure,
Tout ce que l'art et la nature
Offrent d'éclatant à nos yeux;

Toute la pompe de l'aurore,
Tout le plumage des oiseaux,
Le gravier meslé des ruisseaux,
Les pierres de prix du Bosphore;

Toute cette diversité,
Que le More trouve en ses rives,
A moins en ses couleurs naïves,
De lustre et de vivacité...

... Beau Phœnix, Plante sans racines,
Amour, Ange, discret voleur,
Oyseau fleury, volante fleur,
Petit paon, rose sans épines,

Grande abeille sans aiguillon,
Mignon des fleurs de ce parterre,
Hoste de l'air, fils de la terre,
Foible Argus, superbe oysillon,

Nymphe aussi volage que belle,
Qui meurs au travail de Cypris,
Tresor sans estime et sans prix;
Mais tu t'envoles, infidelle...

Perrin

[LES VENTS]

... C'est ainsi que Noé sa prison adoucit,
Enchante sa tristesse, et le tems accourcit,
N'ayant espoir qu'en Dieu qui, resserrant les veines
D'où surgeonnoient sans fin tant de vives fonteines,
Arrestant l'eau du ciel, et faisant que les airs
R'affermissent, tancez, les digues de leurs mers,
Met les vents en besongne. « O, balais de la terre,
Frais esventaus du ciel! ô, des forests la guerre!
O, mes herauts (dit-il), postes et messagers!
O, mes nerfs, ô mes bras! vous, oiseaux qui, legers,
Par l'air trainez mon char quand ma bouche allumee
Ne souffle que brasiers, que souffre, que fumee;
Que le foudre est mon sceptre; et que l'effroy, le bruit,
L'horreur roule à travers l'espesseur d'une nuit,
Esveillez-vous, courez, humez de vos haleines
L'eau qui desrobbe au ciel et les monts et les plaines »...

Du Bartas

LES VENTS LES PLUS DÉLICIEUX

... Les vents les plus delicieux
Parfument la terre et les cieux
De la douceur de leur haleine,
Ils musquent les œillets, les roses, et le thyn,
Ils embaument la plaine,
Et couronnent de lys ce glorieux matin.

Ils vont secher les habits verts
Des prez que l'Aurore a couverts
De ses plus pretieuses larmes,
Et ne peuvent souffrir que la face des fleurs
A ce jour plein de charmes
Ait son éclat terny d'une espece de pleurs.

A voir le bransle des rameaux,
Des vents, des herbes, des roseaux,
En ce temps de resjouissance,
Comme si les bergers au son du flageolet
Leur donnoient la cadence,
On diroit que les fleurs danseroient un balet.

Les échos que les belles voix
Reveillent au milieu des bois,
Se joignent à la compagnie,
Et les oyseaux servants de vivants violons
Par leur douce harmonie,
Le Ris donne le bal aux nymphes des valons...

Du Bois Hus

ENIGME SUR LE VENT

Je suis et sur la terre et soubs terre, et sur l'eau,
Je suis au cœur de ceux qui cherchent la loüange;
Je respire sans vie, et l'on me croit si beau
Que quand on me veut peindre, on me peint comme
[un ange;

C'est à changer toûjours que jamais je ne change,
Mon corps est tout poulmon, je n'ay ny chair ny peau,
Je suis bon à la braise, et mauvais au flambeau,
Et l'on tend dans les airs le piege où l'on me range.

A faire avoir du pain utilement je sers,
Je declare la guerre et forme les concerts,
Le dueliste est fou qui contre moy s'escrime.

Je fay quand il me plait par un contraire effort,
Et mourir le bois vif, et vivre le bois mort,
Et redonne la mort au bois mort que j'anime.

Martial de Brives

SUR L'AIR

Vaste élément, ciel des oiseaux,
Corps leger, subtile peintre,
Maison, dont la fine structure
Comprend trois étages si beaus;

Riche tente, dont les rideaux,
Par le Maître de la nature,
Sont étendus pour couverture
Et sur la terre, et sur les eaus;

Ministre du grand luminaire;
Hôte fidéle et nécessaire;
Cause qui produit tant d'efets;

Messager de calme et d'orage,
Je voi dans ton sein, le passage
Qui mène à l'éternelle paix.

Drelincourt

SUR LES VENTS

Voix sans poûmons, corps invisibles,
Lutins volans, char des oiseaux,
Vieus couriers, postillons nouveaus,
Sur terre, et sur mer, si sensibles;

Dous médecins, bourreaux terribles,
Maîtres de l'air, tirans des eaux,
Qui rendez, aux craintifs vaisseaus,
Les ondes fières, ou paisibles;

Vents qui dans un cours inconstant,
Naissez, et mourez, chaque instant,
Mes jours ne sont qu'un vent qui passe.

Mon corps fait naufrage en la mort,
Mais Dieu, du souffle de sa grace,
Pousse mon ame dans le Port.

Drelincourt

COMME UNE GIROUETTE

... J'ay rodé, j'ay couru par tout genre d'esbas,
Sans arrester en lieu les desirs de mes pas;
J'ay fait de mon cerveau un second pont au change,
Eschangeant, glauque sot, les perles à la fange.
Et l'on a veu encor pirouetter mes jours
Comme une girouette en mille et mille tours...
Mes souhaits emplumez, qui changent à toute heure,
Changent autant de fois de choix et de demeure...
Je suis las de tourner, et je suis moins content,
Ayant fait mille tours, que je n'estois partant...

Levasseur

AMOUR DE LA JUSTICE DIVINE

Air : *Songes agréables*

... Comme l'alouette
Va toujours chantant,
Et la girouette
Tourne au moindre vent :
Ainsi, mon cœur,
Sois souple à ton Moteur.

Que chacun apprenne
A ne rien vouloir,
Afin qu'il comprenne
La loi du devoir;
Et que son cœur
Soit souple à son Moteur.

Madame Guyon

UN FÉTU DONT LE VENT SE JOUE

... Hélas! qu'est-ce de l'homme?
L'image de la mort.
Son état ne paroît qu'un somme;
Il périt se croyant au port.

O Dieu, votre Sagesse
Sans chemin, sans détour,
Le conduit par la petitesse
A la pureté de l'amour.

Que le monde est à charge,
A qui n'aime que Dieu!
Et que notre cœur est au large,
Lorsqu'il n'a plus ni tems, ni lieu!

Lors son lieu c'est Dieu même,
Son tems l'éternité;
Son bien est sa misere extrême;
Sa foiblesse est sa fermeté.

Volonté toute aimable,
Je n'estime que toi;
Tu seras toujours adorable,
Fais ce que tu voudras de moi.

Le bien ne m'intéresse,
La douleur ne m'abat;
Je n'ai ni plaisir, ni tristesse,
Ni tranquillité, ni combat.

Madame Guyon

« Dis-moi, qui tu peux être
» Qui parle ainsi de toi :
» N'es-tu rien ? Serois-tu peut-être
« Un monstre qui remplit d'effroi ?»

Je suis un peu de boue,
Un fantôme mouvant,
Un fétu dont le vent se joue,
Une ombre fausse, un pur néant.

Madame Guyon

3

Nuages et Arcs-en-Ciel

Aimez-vous bien les bigarrures?
LA MESNARDIÈRE

... ces vaines images
LE MOYNE

LES LARMES DE SAINCT-PIERRE, IMITÉES DU TANSILLE

... En ces propos mourans ses complainctes se meurent,
Mais vivantes sans fin ses angoisses demeurent,
Pour le faire en langueur à jamais consumer;
Tandis la nuict s'en va, ses chandelles s'esteignent,
Et desjà devant luy les campagnes se peignent
Du saffran que le jour apporte de la mer.

L'Aurore d'une main en sortant de ses portes,
Tient un vase de fleurs languissantes et mortes;
Elle verse de l'autre une cruche de pleurs,
Et d'un voile tissu de vapeur et d'orage
Couvrant ses cheveux d'or, descouvre en son visage
Tout ce qu'une ame sent de cruelles douleurs.

Le Soleil qui desdaigne une telle carriere,
Puis qu'il faut qu'il desloge, esloigne sa barriere;
Mais comme un criminel qui chemine au trespas,
Monstrant que dans le cœur ce voyage le fasche,
Il marche lentement, et desire qu'on sçache
Que si ce n'estoit force il ne le feroit pas.

Malherbe

Ses yeux par un despit en ce monde regardent,
Ses chevaux tantost vont, et tantost se retardent,
Eux-mesmes ignorans de la course qu'ils font;
Sa lumiere palit, sa couronne se cache;
Aussi n'en veut-il pas, cependant qu'on attache,
A celuy qui l'a faict, des espines au front.

Au point accoustumé les oyseaux qui sommeillent,
Apprestez à chanter, dans les bois se resveillent;
Mais voyans ce matin des autres different,
Remplis d'estonnement ils ne daignent paroistre,
Et font à qui les voit, ouvertement cognoistre
De leur peine secrette un regret apparent...

Malherbe

CHANSON

Sus debout, la merveille des Belles,
Allons voir sur les herbes nouvelles
Luire un esmail dont la vive peinture
Deffend à l'art d'imiter la nature.

L'air est plein d'une haleine de roses,
Tous les vents tiennent leurs bouches closes,
Et le Soleil semble sortir de l'onde
Pour quelque amour plus que pour luire au monde.

On diroit, à luy voir sur la teste
Ses rayons comme un chapeau de feste,
Qu'il s'en va suivre en si belle journee
Encore un coup la fille du Penee.

Toute chose aux delices conspire;
Mettez-vous en vostre humeur de rire;
Les soins profonds d'où les rides nous viennent,
A d'autres ans qu'aux vostres appartiennent.

Il fait chaud, mais un fueillage sombre,
Loing du bruit, nous fournira quelque ombre
Où nous ferons parmy les violettes
Mespris de l'ambre et de ses cassolettes.

Malherbe

Pres de nous sur les branches voisines
Des Genêts, des Houx et des Espines,
Le Rossignol, desployant ses merveilles,
Jusqu'aux rochers donnera des oreilles.

Et peut-estre à travers des fougeres
Verrons-nous de Bergers à Bergeres,
Sein contre sein, et bouche contre bouche
Naistre et finir quelque douce escarmouche...

Malherbe

[FEUX D'ARTIFICE]

... Un escadron d'astres nouveaux
Faits d'artificieux flambeaux
Consomme les nuages sombres,
Tous les jours et les nuicts sont également clairs,
Et pour brûler les ombres
Les estoiles de l'art allument tous les airs.

Les jours les plus délicieux
Que les matins tirent des yeux
De tant de riantes aurores
N'ont point de beaux rayons qui ne paraissent noirs,
Au prix des météores
Que l'art fait éclater sur la face des soirs...

Du Bois Hus

ET LES LARMES DU SOIR

... Les bois ne paroissent plus vers,
La nuict entrant dans l'Univers
Couvre le sommet des montagnes,
Desjà l'air orphelin arrose de ses pleurs
La face des campagnes,
Et les larmes du soir tombent dessus les fleurs.

Le monde change de couleur,
Une générale pasleur
Efface la beauté des plaines,
Et les oyseaux surpris sur le bord des marests
Courtisants les fontaines
Se vont mettre à couvert dans le sein des forests.

Quelques brins d'escarlatte et d'or
Paraissent attachez encor
A quelques pieces de nuage;
Des restes de rayons peignants tout à l'entour
Le fond du païsage
Font un troisiesme temps qui n'est ny nuict ny jour

Les rougeurs qu'on voit dans les airs
Jetter ces languissants esclairs
Qui meurent dans les plis de l'onde
Sont les hontes du jour fuyant le successeur
Qui le chasse du monde,
L'astre des belles nuicts que gouverne sa sœur.

Du Bois Hus

Le Silence vestu de noir
Retournant faire son devoir
Vole sur la mer et la terre,
Et l'ocean joyeux de sa tranquillité
Est un liquide verre
Où la face du Ciel imprime sa beauté.

Le visage du firmament
Descendu dans cet element
Y fait voir sa figure peinte,
Les feux du ciel sans peur nagent dedans la mer,
Et les poissons sans crainte
Glissent parmy ces feux qui semblent les aymer.

Dans le fond de ce grand miroir
La nature se plaist à voir
L'onde et la flamme si voisines,
Et les astres tombez en ces païs nouveaux,
Salamandres marines,
Se baignent à plaisir dans le giron des eaux.

L'illustre deesse des mois
Quittant son arc et son carquois
Descend avecque eux dedans l'onde,
Son croissant est sa barque, où l'hameçon en main
Fait de sa tresse blonde,
Elle pesche à loisir les perles du Jourdain...

Du Bois Hus

A SON TRIOMPHE POUR CERCUEIL

... Quand on void mourir un beau Jour,
Il est plus beau, vieillard, qu'alors qu'il estoit jeune,
Son teint est plus charmant quand sa face est plus breune,
Et l'air de son visage a plus d'attraits d'amour;
Ces dernières rougeurs dont il peint toutes choses
Du mesme coloris qu'il sçait farder les roses,
Luy donnent plus d'appas qu'il n'en eut au berceau,
Et ses rayons volans sur la terre et sur l'onde,
Comme il descend dans le tombeau,
Demeurent après luy pour esclairer le monde.

Ce noble artisan des couleurs,
Son Pere le Soleil, prend plaisir à le peindre,
Quand ses riches clartez sont prestes de s'esteindre,
Il verse sur son front l'esmail de mille fleurs,
Le nuage brillant qui partout l'environne
De sa perruque d'or luy fait une couronne,
Ces nuages dorez sont les tentes du deuil,
Et luy, ce beau Mourant que le Ciel mesme flate,
A son triomphe pour cercueil,
Et couché dans la pourpre il meurt dans l'escarlate...

Du Bois Hus

LE SOLEIL COUCHANT

... La pourpre qui luit soûs ses pas,
En l'air s'escarte en mille pointes,
Où parfois deux couleurs sont jointes,
Et parfois ne se joignent pas.

Dieux! la merveilleuse clarté!
Alceste, admirez la nüance
De ce jaune-clair, qui s'avance
Soûs cet incarnat veloûté.

L'œillet d'Inde seroit ainsi
Dans sa douce et sombre dorûre,
Si sur les pans de sa bordûre
La rose trenchoit le souci.

Mais voilà cét esclat changé
En un meslange plus modeste.
Voyez ce rocher bleu-céleste,
Où déborde un pasle-orangé.

Voyez ces rayons gracieux,
Qui là bas forçant le passage
De fils d'or percent le nüage,
Aussi loin que portent nos yeux.

Que ces flocons blancs ont d'appas!
Vous diriez que c'est de la neige,
Qu'un doux soleil, qui la protége,
Perce, illumine, et ne fond pas.

La Mesnardière

Alceste l'égalle en ce poinct.
Pour nous ses feux elle tempére,
Et sa lüeur brillante et claire
Enflame, et ne consume point.

Des plus bizarres papillons
Aimez-vous bien les bigarrures ?
Et les différentes parures
Des mieux émaillez oysillons ?

Voyez ce lustre variant
De mille couleurs entassées,
Qu'un trait de lumière a tracées
Sur ce fond brun, vers l'Orient.

Voyez ces tirades de feu,
Dont le ciel vers le nort esclatte;
Et dans ces plaines d'escarlatte,
Ce bois d'amaranthe et de bleu.

Que les flots crespez d'un zéphyr
Sont bien peints dans ces pommelûres,
De qui l'ordre et les mouchetures
Semblent figurez à plaisir !

Quoy que l'on vante son berceau,
L'Autheur fécond de la lumière,
Dessus le suëil de sa carriére,
N'est point si pompeux, ni si beau.

Les opales du poinct du jour,
Et ses jacinthes sombre-claires,
Sont bien des objets plus vulgaires
Que les rubis de son retour.

La Mesnardière

Jamais eut-il rien d'approchant
Sur le bord des climats du Gange ?
Java perdoit-il pas au change
De cette Inde avec son couchant ?

En arrivant il fait du bien.
Mais comme il veut qu'on le regrette,
Nous éprouvons à sa retraitte,
Qu'en mourant on n'épargne rien.

Ces grans feux dont si largement
Tout l'horison paroist s'éprendre,
Aux plus grossiers feroient comprendre
Qu'un Dieu fait cét epanchement.

Sa pompe esclattant sur les eaux
Met les hostes de l'onde en peine,
Craignans qu'un enfant de Clymêne
Y lance des brasiers nouveaux.

Sa rondeur croist en descendant.
Telle est la sphére de nostre ame ;
Le cercle infini de sa flame
S'augmente par nostre occident.

Mille esclairs aigus et perçans
Couronnent la fin de sa lice.
Et quand il semble qu'il finisse,
Il enchante encore nos sens.

Quoy qu'il ait adouci ses traits,
Autour on ne voit nul ombrage.
Demain, comme vostre visage,
Il aura cent nouveaux attraits.

La Mesnardière

Apres nous avoir divertis
De mille admirables figures,
Le peintre et ses rares peintures
Dans les eaux vont estre engloutis.

Dans l'air il laisse les couleurs
Qui font les jasmins et les roses.
Et toutes ses métamorphoses
Sont les germes d'autant de fleurs...

La Mesnardière

CES VAINES IMAGES

... Qu'on sçache que le ciel est le premier moteur,
D'où le bonheur nous vient, d'où nous vient le malheur;
Que le Dieu des vertus est le Dieu des fortunes;
Qu'il les fait comme il veut, ou grandes ou comunes;
Que celles qui n'ont pas leur attache de luy,
Idoles sans arrest, phantômes sans appuy,
Ont le cours et la fin de ces vaines images,
Qui se forment en l'air de l'amas des nuages.
Leur dehors pour un temps lumineux et doré,
Des faveurs du soleil nous paroist colcré;
Elles sont à nos yeux des soleils elles-mêmes,
De longs rayons de feu leur font des diadèmes;
Mais tous ces vains soleils ne sont que de vapeur,
Leur corps est vuide et creux, leur jour faux et trompeur,
Le premier vent qui souffle en dissout la matiere,
Leur fond s'évanoüit avecque leur lumière;
Et tout cét appareil d'azur, de pourpre et d'or,
Dont la nuance en l'air paroissoit un tresor,
Tombant avecque bruit, sur la terre s'écoule,
Et devient fange aux pieds du passant qui le foule...

Le Moyne

SUR LA NUE

... Voyez l'autre plafond où la Nuit est tracée :
Cette divinité, digne de vos autels,
Et qui même en dormant fait du bien aux mortels,
Par de calmes vapeurs mollement soutenue,
La tête sur son bras, et son bras sur la nue,
Laisse tomber des fleurs, et ne les répand pas;
Fleurs que les seuls Zéphyrs font voler sur leurs pas.
Ces pavots qu'ici-bas pour leur suc on renomme,
Tout fraîchement cueillis dans les jardins du Somme,
Sont moitié dans les airs, et moitié dans sa main;
Moisson plus que toute autre utile au genre humain.
Qu'elle est belle à mes yeux cette Nuit endormie!
Sans doute de l'Amour son âme est ennemie;
Et ce frais embonpoint sur son teint sans pareil
Marque un fard appliqué par les mains du Sommeil.

La Fontaine

SUR LA VEUE ET LE SENTIMENT QUE L'AME A, OU PEUT AVOIR DE DIEU, SOUS LE SYMBOLE D'UN NUAGE

Que j'aperçois un beau nüage;
Qu'il est plein de noir tourbillon;
C'est sans doute le pavillon
De mon Dieu qui paroit sous cette auguste image.

C'est ainsi qu'aux grands patriarches
Sous des nües il se montra,
C'est ainsi qu'on le rencontra,
Et que l'on reconut au desert ses démarches.

Je sens ses divines aproches,
Je le conois à sa douceur.
Il remplit tout l'air d'épaisseur,
Y formant de grands corps de fantômes de roches.

Voyés son admirable enflure,
Ses illustres couleurs d'Iris,
Ses globes pomelés, ses plis,
C'est du grand Dieu du ciel une auguste figure.

Cete grosseur majestueuse,
Cete étenduë en toutes parts,
Et ces corps de nüage épars
Servent bien à tenir l'ame respectüeuse.

Labadie

Ils m'environent, ce me semble,
Et je me trouve au milieu d'eux,
J'en sens herisser mes cheveux,
Et de crainte et d'horreur toute ma chair en tremble.

Tout beau! me dis-tu dans ma crainte,
N'aye à mes abords tant de peur :
C'est mon broüillas, c'est ma vapeur,
Et l'ombre que tu vois n'est que mon ombre sainte.

Sens au plus profond de ton ame,
Par l'impression que j'y fais,
La douceur de ma sainte paix,
Et voi brûler ton cœur de ma secrete flame.

C'est là come la grande marque
De ma divine majesté.
C'est le sçeau de ma royauté,
Auquel je te fai voir que je suis ton monarque.

Remplis ton cœur, et ta mémoire,
Dans ce broüillas, de mes grandeurs;
Quand viendra le tems des splendeurs,
Tu verras sans broüillas face à face ma gloire.

Labadie

[L'ARC-EN-CIEL]

... Noé regarde en haut, et voit, esmerveillé,
Un demy-cercle en l'air, de cent teints esmaillé,
Et qui, clair, se bossant vers la voute ætheree,
A pour son diamètre une ligne tiree
Entre deux orizons, un arc de toutes parts
Egalement plié, un arc fait de trois arcs,
Dont l'un est tout au long peint de couleur doree,
De verte le second, et le tiers d'azuree,
Mais de telle façon qu'en cest or, verd, et bleu,
On y voit le plus pur riolé quelque peu;
Arc qui luit en la main de l'Archer du tonnerre,
Dont la corde subtile est comme à fleur de terre,
Et qui come au compas se recourbant sur nous,
Mouille dedans deux mer de ses cornes les bous,
Temporel ornement des flambantes voutures,
Où Nature a broyé ses plus vives teintures.
Que si tu ne comprends que le rouge et le bleu,
Pren-les pour sacremens de la mer et du feu,
Du ravage ondoyant, et ravage contraire,
Du jugement jà fait, et jugement à faire...

Du Bartas

LE VIEUX ARC BIGARRÉ

Du vray Deucalion le bois industrieux
Qui soustint la fureur du général naufrage,
Dans une mer de sang à cette heure surnage,
Pour sauver les humains des bouillons stygieux.

Le vieux arc bigarré (signe présagieux
De la fin du deluge, et mis en témoignage
Qu'on ne souffriroit plus des ondes le ravage)
Est maintenant courbé sur ce bois précieux.

Puisque ce Nuau peint des couleurs de l'opale
Calmoit les flots, ce corps rouge, livide et pasle
Pourra bien de son Père appaiser le courroux.

Par ce gage sacré de ta chere alliance
Je t'adjure, ô grand Dieu, qu'ore et tousjours pour nou
Ton courroux justicier cede à ta patience.

La Ceppède

BELLE IRIS

... Belle Iris, nourrice des fleurs,
Arc de rayons et de couleurs
Dont les flèches sont les rosées,
Vos larmes cèderont aux pleurs de cet Amour,
Quoy qu'elles soient puisées
En des sources de musc et des canaux de jour.

Rosée, agréable présent,
Dont l'Aurore va courtisant
Les nourrissons de la prairie,
De qui l'Esté reçoit ses aymables fraischeurs,
Et la plaine fleurie
Les parfums embaumez de ses riches blancheurs.

Gouttes, filles des beaux matins,
Yeux des fleurs, astres argentins,
Nourriture des prez humides,
Estoiles des jardins, douces sueurs des cieux,
Cristaux, perles liquides,
Vous n'avez rien d'égal aux larmes de ces Yeux...

Du Bois Hus

SONNET

Ainsi que l'arc-en-ciel tout regorgeant de pleurs
Prend devant le soleil cent couleurs incertaines,
Et périt quand se cache ou s'en va luire ailleurs
Cet astre dont le feu rend fertile nos plaines;

Tout de même à l'aspect du sujet de mes peines,
Je prends en un instant cent diverses couleurs,
Je pâlis, je rougis sous l'effort des douleurs,
Et de l'eau de mes pleurs sens regorger mes veines.

Mais ni de voir en moi ce triste changement,
Ni de savoir combien j'aime fidèlement,
Ne touche mon ingrate ou d'amour ou de honte;

Tant s'en faut, elle rit de me voir endurer,
Et pour en rendre même encor ma fin plus prompte,
Elle fuit et s'en va d'autres lieux éclairer.

Vion Dalibray

L'ARC-EN-CIEL

Doux charme de mes yeux, tromperie innocente,
Miracle du soleil, peinture surprenante,
Grand triomphe de l'air, belle arcade de fleurs,
Meslange consommé des plus vives couleurs;
Que n'ornes-tu le ciel d'un tableau veritable?
Ou si ton lustre est faux, pourquoy n'est-il durable?

Dis-moy qui t'a formé; quelle sçavante main
T'a si tost revestu d'un esclat plus qu'humain?
Tu n'estois maintenant qu'une vapeur grossiere,
Inutile à la terre, obstacle de lumiere;
Qui t'a fait tout à coup si charmant et si beau?
Qui t'a gaigné l'amour du celeste flambeau?

Je le voy qu'il galope au panchant de sa course,
Que ses feux pour ce jour vont mourir sans ressource,
Toutesfois ce bel œil ravy de ta clarté,
Du bord de l'onde encor adore ta beauté;
Monstrant que s'il pouvoit par le destin revivre,
Il vivroit seulement pour te voir et te suivre.

Il admire ton arc, qui partage les cieux,
Tes porphyres meslez, tes jaspes precieux,
Tes marbres chargez d'or, ta parfaite courbure,
Et tout ce qu'a de beau ta nouvelle structure.
A peine le croit-il, qu'un amas si parfait
Soit de ses traits mourans le veritable effet;
Que pour une couleur qu'il jette dans le vuide,
Il en reçoive cent de ton cristal liquide;
Et que par un regard qu'il te lance à propos,
Tu suives de cent yeux le lieu de son repos.

Bussières

Dis-le, soleil nouveau, quelle main te dispose,
Qui te fait l'instrument d'une si belle cause?
Les larmes dont je voy que tu grossis ton sein,
Ont-elles du raport à ce noble dessein?
Vous, dites-le, mes yeux; voyez cette merveille,
Et jugez si la terre en a point de pareille.

Dites, à vostre advis, n'est-ce point un tableau?
Ne sont-ce point des traicts du plus docte pinceau?
Cette distinction de couleurs meslangées,
Cette confusion de merveilles rangées;
Ce bleu, cét orangé, ce vert, cét incarnat,
De ce vernis caché le ravissant esclat,
Ne vous donnent-il pas en ce petit espace,
Ce qui tous les tableaux et les peintres surpasse?
Quel Apelle jamais a peu de tous ses traicts
Marquer tant de beautez, de charmes, et d'attraits?
Quel pinceau marqueroit en une seule ligne
Un trophée en couleurs et symmetrie insigne?

La Nature elle-mesme en cét arc de couleurs
N'a-telle point voulu nous faire voir des fleurs?
N'a t'elle point semé sur cette belle arcade,
Ses bulbes d'outre-mer, ses bouquets de parade?
La rose s'y presente au teint rouge et vermeil,
Le soucy tourne icy sa fleur vers le soleil,
La tulipe et l'œillet y portent leur mélange,
Et font de leurs beautez un glorieux eschange;
Le lis et le narcisse y sont en habit blanc,
L'anemone y paroist sous sa couleur de sang.
Mes yeux, vous trompez-vous, avez-vous veu parterre
Qui dans un seul carreau tant de beautez enserre?

Bussières

N'est-ce point le pavé du glorieux sejour,
Où jamais nulle nuict n'accompagne le jour?
Le pavé my-party de quarrez et d'ovales,
Tout brillant de saphirs, de rubis et d'opales?
Où la perle a son blanc, la turquoise son bleu,
L'esmeraude son vert, l'escarboucle son feu?
Où l'or conjoint le tout d'une union si belle,
Que les yeux chaque jour la prennent pour nouvelle?

Beauté, vous me trompés; vous vous trompés, mes yeux
Vous croyez à l'éclat d'un rayon specieux;
Rayon qui n'est ny ciel, ny tableau, ny parterre,
Mais un bien passager, plus fresle que le verre.
C'est un neant vestu, c'est un masque trompeur,
C'est un leurre couvert, c'est un foible imposteur,
C'est de mille beautez un illustre mensonge,
C'est ce qui ne sera que l'ombrage d'un songe...

Bussières

|L'ARC-EN-CIEL|

... J'admire quelquefois le roy des metéores,
Ce bel arc tout rempli de charmes et d'attraits,
Qui n'a jamais usé de cordes, ni de traits,
Croissant, qui ne peut croître, et pont qu'aucun ne passe
L'ambassadeur de paix, le nonce de la grace,
Cet Iris, ce beau rien, sans or, si bien doré,
Sans aucun coloris, si peint, et coloré.
Merveilleux demi-cercle, et brillante ceinture,
D'un néant si pompeux, l'apparente peinture,
Iris, qu'on ne voit pas plutôt épanouir,
Qu'on peut dire qu'il est prêt à s'évanouir,
Qui paroissant en l'air tout autre que soi-même,
Semble le couronner d'un vaste diadême,
Admirable trompeur, qui, par ses faux apas,
Faisant voir ce qu'il est, montre ce qu'il n'est pas,
Paroît, et disparoît tout de même qu'un songe,
Et peut être appellé véritable mensonge...

Pierre de Saint-Louis

SUR L'ARC-EN-CIEL

Le bel astre du jour dans le sein de l'orage
Nous forme tout-à-coup ce lumineus tableau,
Et, tout-à-coup, aussi, le couvrant d'un rideau,
Il derobe à nos yeux son inconstant ouvrage.

De ce peintre brillant, la toile est le nuage;
Ses rayons refléchis lui servent de pinceau;
Il prend pour ses couleurs, l'or, l'azur, le feu, l'eau,
Et la vapeur commence à finir cet image.

Fragiles ornemens, éclat foible et trompeur,
Passageres beautez, filles de la vapeur,
Des faux biens d'icy-bas vous peignez l'inconstance.

Par les mêmes couleurs et par les mêmes traits,
Vous imprimez la crainte, et donnez l'esperance,
Vous annoncez la guerre, et vous marquez la paix.

Drelincourt

L'EAU ET LE MIROIR

En ce miroir qui coule

SAINT-AMANT

1

L'eau en mouvement

Ruisseau qui cours après toy-mesme,
Et qui te fuis toy-mesme aussi.

SAINT-AMANT

Mille et mille jets d'eau font ces roches humides
D'un cristal bondissant, et de perles liquides.

SCUDÉRY

TOUT S'ENFLE CONTRE MOY

Tout s'enfle contre moy, tout m'assaut, tout me tente,
Et le Monde, et la Chair, et l'Ange révolté,
Dont l'onde, dont l'effort, dont le charme inventé
Et m'abisme, Seigneur, et m'esbranle, et m'enchante.

Quelle nef, quel appuy, quelle oreille dormante,
Sans peril, sans tomber, et sans estre enchanté,
Me donras-tu ? Ton Temple où vit ta Saincteté,
Ton invincible main, et ta voix si constante ?

Et quoy ? Mon Dieu, je sens combattre maintesfois
Encor avec ton Temple, et ta main, et ta voix,
Cest Ange revolté, ceste Chair, et ce Monde.

Mais ton Temple pourtant, ta main, ta voix sera
La nef, l'appuy, l'oreille, où ce charme perdra,
Où mourra cest effort, où se rompra ceste onde.

Sponde

BARQUE QUI VAS FLOTTANT

Barque qui vas flottant sur les escueils du monde,
Qui vois l'air tout espris, et les vents conjurés,
Le gouffre entrebaillé, les flots demesurés,
Sans ancre, sans abry, sans amarre et sans sonde;

Barque, ne perds poinct cœur! Qui doubte que ceste onc
Ne soit subjecte aux vents? Aux flots mal assurés,
Un esquif my brisé? Mais les cieulx azurés
Sont ils pas sur les vents et sur la mer profonde?

Au ciel? Non! qu'à la mer commande ton pilote;
Par lui vente le vent, par lui ce monde flotte,
Vente et flotte pour toi, pour te conduire au port.

Ton port, c'est l'Eternel, et tu t'en veux soubstraire.
Veux tu calme ou bon vent? tu demandes ta mort;
Pour surgir à ton port, il te fault vent contraire.

Du Plessis-Mornay

L'EAU CHANGE TOUS LES JOURS

Assies toy sur le bort d'une ondante riviere,
Tu la verras fluer d'un perpetuel cours,
Et flots sur flots roulant en mille et mille tours
Descharger par les préz son humide carriere.

Mais tu ne verras rien de ceste onde premiere
Qui n'aguiere couloit, l'eau change tous les jours,
Tous les jours elle passe, et la nommons tousjours
Mesme fleuve, et mesme eau, d'une mesme maniere.

Ainsi l'homme varie, et ne sera demain
Telle comme aujourd'huy du pauvre cors humain
La force que le tems abbrevie, et consomme;

Le nom sans varier nous suit jusqu'au trespas,
Et combien qu'au jour-d'huy celuy ne sois-je pas
Qui vivois hier passé, tousjours mesme on me nomme.

Chassignet

ET L'ONDE POUSSE L'ONDE

L'enfance n'est sinon qu'une sterile fleur,
La jeunesse, qu'ardeur d'une fumiere vaine,
Virilité qu'ennuy, que labeur, et que peine,
Viellesse que chagrin, repentance, et douleur,

Nos jeus que desplaisirs, nos bon-heurs que mal-heu
Nos thresors et nos biens, que tourment, et que gein
Nos libertez que laqs, que prisons, et que chaine,
Nostre aise, que mal-aise et nostre ris que pleur;

Passer d'un âge à l'autre, est s'en aller au change
D'un bien plus petit mal, en un mal plus estrange
Qui nous pousse en un lieu d'où personne ne sort.

Nostre vie est semblable à la mer vagabonde,
Où le flot suit le flot, et l'onde pousse l'onde,
Surgissant à la fin au havre de la mort.

Madame Guyon

Chassignet

ET LES EAUX, ET MES JOURS

Au bord tristement doux des eaux je me retire,
Et voy couler ensemble, et les eaux, et mes jours,
Je m'y voy sec et pasle, et si j'ayme tousjours
Leur resveuse mollesse où ma peine se mire.

Au plus secret des bois je conte mon martyre,
Je pleure mon martyre en chantant mes amours,
Et si j'ayme les bois, et les bois les plus sours,
Quand j'ay jetté mes cris, me les viennent redire.

Dame dont les beautez me possedent si fort,
Qu'estant absent de vous je n'aime que la mort,
Les eaux en vostre absence, et les bois me consolent.

Je voy dedans les eaux, j'entens dedans les bois,
L'image de mon teint, et celle de ma voix,
Toutes peintes de morts qui nagent, et qui volent.

Du Perron

COMPARAISON D'UNE FONTAINE A SON DESPLAISIR

Ceste source eternelle,
Qui ne finit jamais,
Mais qui se renouvelle
Par des flots plus espais,
Ressemble à ces ennuis dont le regret m'oppresse.
Car comme elle est sans cesse
D'une source feconde au mal-heur que je sens,
Ils s'en vont renaissans.

Puis d'une longue course,
Tout ainsi que ces flots
Vont esloignans leur source,
Sans prendre nul repos,
Moy par divers travaux, par mainte et mainte peine,
Comme parmy l'areine,
Serpentant à grand sauts, l'onde s'en va courant,
Mon mal je vay pleurant.

Et comme vagabonde
Murmurant elle fuit,
Quand onde dessus onde
A longs flots elle bruit,
De mesme, me plaignant de ma triste advanture,
Contre amour je murmure;
Mais que me vaut cela, puis qu'il faut qu'à la fin
Je suive mon destin?

D'Urfé

LA SOLITUDE

ODE

Dans ce val solitaire et sombre,
Le cerf qui brame au bruict de l'eau,
Panchant ses yeux dans un ruisseau,
S'amuse à regarder son ombre.

De ceste source une Naïade,
Tous les soirs ouvre le portail
De sa demeure de crystal,
Et nous chante une serenade.

Les Nymphes que la chasse attire
A l'ombrage de ces forests,
Cherchent des cabinets secrets,
Loing de l'embuche du Satire.

Jadis au pied de ce grand chesne,
Presque aussi vieux que le soleil,
Bacchus, l'Amour et le Sommeil,
Feirent la fosse de Silene.

Un froid et tenebreux silence,
Dort à l'ombre de ses ormeaux,
Et les vents battent les rameaux
D'une amoureuse violence...

Théophile de Viau

. . . Approche, approche ma Driade,
Icy murmureront les eaux,
Icy les amoureux oiseaux
Chanteront une serenade.

Preste moy ton sein pour y boire
Des odeurs qui m'embasmeront,
Ainsi mes sens se pasmeront
Dans les lacs de tes bras d'yvoire.

Je baigneray mes mains folastres
Dans les ondes de tes cheveux,
Et ta beauté prendra les vœux
De mes œillades idolatres.

Ne crains rien, Cupidon nous garde,
Mon petit ange es-tu pas mien?
Ha! je voy que tu m'aymes bien,
Tu rougis quand je te regarde.

Dieux que ceste façon timide
Est puissante sur mes esprits!
Regnauld ne fut pas mieux espris
Par les charmes de son Armide.

Ma Corine que je t'embrasse,
Personne ne nous voit qu'Amour;
Voy que mesme les yeux du jour
Ne trouvent point icy de place.

Les vents qui ne se peuvent taire,
Ne peuvent escouter aussi,
Et ce que nous ferons icy
Leur est un incogneu mystere.

Théophile de Viau

ODE

Dans ce parc un valon secret
Tout voilé de ramages sombres,
Où le soleil est si discret
Qu'il n'y force jamais les ombres,
Presse d'un cours si diligent
Les flots de deux ruisseaux d'argent
Et donne une fraischeur si vive
A tous les objets d'alentour,
Que mesme les martyrs d'Amour
Y trouvent leur douleur captive.

Un estanc dort là tout auprès,
Où ces fontaines violentes
Courent, et font du bruit exprés
Pour esveiller ses vagues lentes.
Luy d'un maintien majestueux
Reçoit l'abord impétueux
De ces Naïades vagabondes,
Qui dedans ce large vaisseau
Confondent leur petit ruysseau
Et ne discernent plus ses ondes.

Là Melicerte, en un gazon
Frais de l'estanc qui l'environne,
Fait aux cygnes une maison
Qui luy sert aussi de couronne.
Si la vague qui bat ses bors
Jamais avecques des thresors
N'arrive à son petit empire,
Au moins les vents et les rochers
N'y font point crier les nochers
Dont ils ont brisé les navires.

Théophile de Viau

Là les oyseaux font leurs petits
Et n'ont jamais veu leurs couvees
Souler les sanglants appetits
Du serpent qui les a trouvees.
Là n'estend point ses plis mortels
Ce monstre de qui tant d'autels
Ont jadis adoré les charmes,
Et qui d'un gosier gemissant
Fait tomber l'ame du passant
Dedans l'embusche de ses larmes.

Zephyre en chasse les chaleurs,
Rien que les cygnes n'y repaissent,
On n'y trouve rien sous les fleurs
Que la fraischeur dont elles naissent.
Le gazon garde quelques fois
Le bandeau, l'arc et le carquois
De mill'amours qui se despoüillent
A l'ombrage de ses roseaux
Et dans l'humidité des eaux
Trempent leurs jeunes corps qui boüillent.

L'estanc leur preste sa fraischeur,
La Naiade leur verse à boire,
Toute l'eau prend de leur blancheur
L'esclat d'une couleur d'yvoire.
On void là ces nageurs ardents
Dans les ondes qu'ils vont fendants
Faire la guerre aux Nereïdes,
Qui devant leur teint mieux uny
Cachent leur visage terny
Et leur front tout coupé de rides.

Théophile de Viau

Or ensemble, ores dispersez,
Ils brillent dans ce crespe sombre
Et sous les flots qu'ils ont persez
Laissent esvanoüir leur ombre.
Parfois dans une claire nuict
Qui du feu de leurs yeux reluit,
Sans aucun ombrage de nuës
Diane quitte son berger
Et s'en va là dedans nager
Avecques ses estoilles nuës.

Les ondes qui leur font l'amour
Se refrisent sur leurs espaules
Et font danser tout à l'entour
L'ombre des roseaux et des saules.
Le Dieu de l'eau tout furieux,
Haussé pour regarder leurs yeux
Et leur poil qui flotte sur l'onde,
Du premier qu'il void approcher,
Pense voir ce jeune cocher
Qui fit jadis brusler le monde...

Théophile de Viau

PARMY DES OMBRES INCERTAINES

. . . Quand le ciel lassé d'endurer
Les insolences de Boree,
L'a contraint de se retirer
Loin de la campagne azuree,
Que les zephyres r'appellez,
Des ruisseaux à demy gelez
Ont rompu les escorces dures,
Et d'un soufle vif et serain
Du celeste palais d'airain
Ont chassé toutes les ordures,

Les rayons du jour esgarez
Parmy des ombres incertaines
Esparpillent les feux dorez
Dessus l'azur de ces fontaines.
Son or dedans l'eau confondu,
Avecques ce cristal fondu
Mesle son teint et sa nature,
Et seme son esclat mouvant
Comme la branche au gré du vent
Efface et marque sa peinture.

Zephyre jaloux du Soleil
Qui paroist si beau sur les ondes,
Traverse ainsi l'estat vermeil
De ses allees vagabondes;
Ainsi ces amoureux Zephyrs
De leurs nerfs qui sont leurs souspirs
Renforçant leurs secousses fraisches,
Destournent tousjours ce flambeau
Et pour cacher le front de l'eau
Jettent au moins des fueilles seches...

Théophile de Viau

L'ARION

... Arion, tout ravy de gaigner le rivage,
Vouant aux immortels un fidelle servage,
Regarde autour de luy fourmiller les poissons,
Qui, suivant jusqu'au bord ses divines chansons,
S'elancent haut en l'air d'allegresse infinie,
Et, pour prendre congé de sa douce harmonie,
Au plus profond de l'eau tout à coup se noyans,
Agitent sa surface en cercles ondoyans,
Qui petit à petit de ses yeux disparoissent,
Se perdans l'un dans l'autre à mesure qu'ils croissent...

Saint-Amant

PLAINTE
SUR LA MORT DE SYLVIE

Ruisseau qui cours après toy-mesme,
Et qui te fuis toy-mesme aussi,
Arreste un peu ton onde ici
Pour escouter mon dueil extresme;
Puis, quand tu l'auras sceu, va-t'en dire à la mer
Qu'elle n'a rien de plus amer.

Raconte-luy comme Sylvie,
Qui seule gouvernoit mon sort,
A receu le coup de la mort
Au plus bel age de la vie,
Et que cet accident triomphe en mesme jour
De toutes les forces d'Amour.

Las! je n'en puis dire autre chose,
Mes souspirs trenchent mon discours.
Adieu, ruisseau, repren ton cours,
Qui non plus que moy ne repose;
Que si par mes regrets j'ay bien pu t'arrester,
Voilà des pleurs pour te haster.

Saint-Amant

LA FONTAINE DE VAUCLUSE

Mille, et mille boüillons, l'un sur l'autre poussez,
Tombent en tournoyant, au fond de la vallée;
Et l'on ne peut trop voir la beauté signalée
Des torrents eternels, par les nimphes versez.

Mille, et mille surgeons, et fiers, et courroussez,
Font voir de la colere à leur beauté meslée;
Ils s'eslancent en l'air, de leur source gelée,
Et retombent apres, l'un sur l'autre entassez.

Icy l'eau paroist verte, icy grosse d'escume,
Elle imite la neige, ou le cigne en sa plume;
Icy comme le ciel, elle est toute d'azur;

Icy le vert, le blanc, et le bleu se confondent;
Icy les bois sont peints dans un cristal si pur;
Icy l'onde murmure, et les rochers respondent.

Scudéry

JE VOGUE SUR LA MER

Je vogue sur la mer où mon ame craintive,
Aux jours les plus sereins, void les vents se lever.
Pour vaincre leurs efforts, j'ay beau les observer,
Ma force, ou ma prudence, est ou foible, ou tardive.

Je me laisse emporter à l'onde fugitive,
Parmy tous les dangers qui peuvent arriver,
Où tant d'hommes divers se vont perdre, ou sauver,
Et dont la seule mort est le fonds, ou la rive.

Le monde est cette mer, où pour me divertir,
Dans un calme incertain, j'escoute retentir
Les accens enchanteurs des perfides sirenes.

C'est lors que la frayeur me fait tout redouter;
Que je voy les escueils, que je voy les arenes,
Et le gouffre où le Ciel me va precipiter.

Gombauld

PSAUME XCVII

... Vous qui loin du soleil habitez sous les Poles,
Vous qui sentez à plomb ses rayons enflâmez,
Honorez tous celuy qui nous a tant aimez,
Et rendez vostre cœur conforme à vos paroles.

Que la harpe et le luth touchez en son honneur
Raniment de leurs sons la douce violence;
Que leurs bois qui vivoient consacrez au silence,
Chantent aprés leur mort pour loüer le Seigneur.

Que son nom glorieux de Monarque des Anges
Retentisse aux échos des rochers et des bois;
Que l'Ocean charmé du concert de nos voix
Fasse bruire en ses flots le bruit de ses loüanges.

Et vous eaux qui dormez sur des lits de pavots,
Vous qui toûjours suivez vous-mesmes fugitives,
Faites un peu cesser, pour vous rendre attentives,
Les paisibles combats des zephirs et des flots.

Que ces monts dont on voit naistre et fondre les nuës,
Dans ce commun bonheur que nous venons d'avoir,
Comme dans leur printemps nous puissent faire voir
Le mirthe et le jasmin sur leurs testes chenuës...

Racan

J'AIME TOUTES CES EAUX

ALCIDON

... J'aime toutes ces eaux.

PHALANTE

Quatre belles Sirenes
Dans les coins du jardin forment quatre fontaines,
Dont les bassins pareils ont les bouillons égaux;
Le parterre est enceint de trois larges canaux.
Ce lieu semble coupé du dos d'une montagne,
Et découvre à main droite une riche campagne,
Un bois, une riviere, et toutes ces beautez
Dont les yeux innocens font leurs felicitez.
Le grand parc se sépare en superbes allées,
Par mes riches ayeux en tous sens égalées.
Les arbres en sont beaux, et droits et chevelus;
Et se joignant en haut de leurs rameaux feuillus,
Parlent en murmurant, s'embrassent comme freres,
Et contre les chaleurs sont des dieux tutelaires.
Un verd et long tapis par le milieu s'étend,
Qu'entrevoit le soleil d'un rayon tremblottant;
Deux ruisseaux aux côtez mouillent les palissades,
Interrompant leur cours par cent mille cascades.
Au bout des promenoirs en un lieu reculé
Se découvre un rond d'eau d'espace signalé;

Desmarets

Diane est au milieu de colere animée,
Et Niobe en rocher à demi transformée.
La reine au lieu de pleurs verse de gros torrens;
Sa jeune fille encor l'étreint de bras mourans;
Et ses autres enfans comme personnes vrayes
Font sortir pour du sang un jet d'eau de leurs playes;
L'étang dont le sein vaste engouffre ses canaux,
D'un bruit continuel semble plaindre leurs maux...
... Ensuite est un grand lieu large de mille pas.
Dans les quatre côtez sont vingt grottes humides,
Et l'on voit au milieu le lac des Danaïdes.
Ses bords sont balustrez, et cent legers batteaux,
Peints de blanc et d'azur, voltigent sur les eaux,
Où sans craindre le sort qui mene aux funerailles
Se donnent quelquefois d'innocentes batailles.
Un grand rocher s'éleve au milieu de l'étang,
Où les cinquante sœurs faites de marbre blanc
Portent incessamment les peines meritées
D'avoir en leurs maris leurs mains ensanglantées;
Et souffrant un travail qui ne sauroit finir,
Semblent incessamment aller et revenir.
Au haut, trois de ces sœurs à cruche renversée,
Font choir trois gros torrens dans la tonne percée;
La tonne répand l'eau par mille trous divers;
Le roc qui la reçoit en a les flancs couverts.
Au bas l'une des sœurs puise à tête courbée,
L'autre montre et se plaint que la cruche est tombée;
L'une monte chargée, et l'autre qui descend
Semble aider à sa sœur sur le degré glissant;
L'une est prête à verser, l'autre reprend haleine...

Desmarets

[JEUX D'EAU]

... Un sçavant et subtil hazart
Gouverné par l'esprit de l'art
Fait des miracles de peinture,
Il escrit avec l'eau dessus le front de l'air,
Et forme une escriture
Qui demeure tousjours et ne fait que couler.

Merveille de voir un nom d'eau
Peint sur un liquide tableau
D'un caractère inepuisable,
Dont l'humide pourtraict se formant de son cours
Par un traict agreable
Se ruine à toute heure en se faisant tousjours.

Voir un lys que cet element
Fait et defait chaque moment
Sans le ravir à l'œil qui l'aime,
Un miracle de l'art que sa matiere fuit
Sans sortir de luy-mesme,
Et le fuyant sans cesse incessamment le suit.

Pour honorer ce jour heureux,
Espuisez vos jeux amoureux,
Belles et divines naiades,
Vous ne sçauriez avoir trop de ressentiment,
Et le bruict des cascades
Est une voix trop foible à loüer vostre amant.

Du Bois Hus

Faites joüer tous les ressorts,
Qui tiennent prisonniers les corps
De tant de belles fugitives,
Ce seroit un peché de tenir en prison
Ces royales captives,
Quand un liberateur paraist sur l'horizon...

Du Bois Hus

[LA GROTTE]

. . . Il y trouve une grotte admirable en beauté,
Où l'on voit un meslange, et d'ombre et de clarté.
Cent rochers de cristal à pointes inesgales,
Sont parmy des rochers de rubis et d'opales;
Cent branches de coral de plus d'une couleur,
De la superbe grotte augmentent la valeur;
Et l'argent lumineux de la nacre changeante,
Imite de l'Iris la splendeur inconstante.
Là brille l'esmeraude, et la pierre d'azur;
Là brillent les saphirs d'un esclat vif et pur;
Là se voit la turquoise ainsi que l'amethiste,
Et le jaspe incarnat, et celuy d'un vert triste,
Et la perle barroque, et la topase encor,
Qui parmy son cristal fait voir un lustre d'or.
Là d'un esclat sanglant se voit la cornaline;
Là d'un sable doré brille l'avanturine;
Rien d'esclattant n'y manque, et l'œil n'y cherche pas
Ny l'eau des diamants, ny le feu des granats,
Des bords de l'Orient, et des climats barbares,
On voit le bel esmail en des coquilles rares,
Dont les diversitez, et les vives couleurs
Parmy ce riche amas semblent semer des fleurs.
Mille et mille jects d'eau font ces roches humides,
D'un cristal bondissant, et de perles liquides...

Scudéry

LE SONGE DE VAUX

... J'embellis les fruits et les fleurs;
Je sais parer Pomone et Flore;
C'est pour moi que coulent les pleurs
Qu'en se levant verse l'Aurore.
Les vergers, les parcs, les jardins,
De mon savoir et de mes mains
Tiennent leurs grâces nonpareilles;
Là j'ai des prés, là j'ai des bois;
Et j'ai partout tant de merveilles
Que l'on s'égare dans leur choix.

Je donne au liquide cristal
Plus de cent formes différentes,
Et le mets tantôt en canal,
Tantôt en beautés jaillissantes;
On le voit souvent par degrés
Tomber à flots précipités;
Sur des glacis je fais qu'il roule,
Et qu'il bouillonne en d'autres lieux;
Parfois il dort, parfois il coule,
Et toujours il charme les yeux...

La Fontaine

[LA GROTTE DE VERSAILLES]

Le dedans de la grotte est tel que les regards,
Incertains de leur choix, courent de toutes parts.
Tant d'ornements divers, tous capables de plaire,
Font accorder le prix tantôt au statuaire,
Et tantôt à celui dont l'art industrieux
Des trésors d'Amphitrite a revêtu ces lieux.
La voûte et le pavé sont d'un rare assemblage :
Ces cailloux que la mer pousse sur son rivage,
Ou qu'enferme en son sein le terrestre élément,
Différents en couleur, font maint compartiment.
Au haut de six piliers d'une égale structure,
Six masques de rocaille, à crotesque figure,
Songes de l'art, démons bizarrement forgés,
Au-dessus d'une niche en face sont rangés.
De mille raretés la niche est toute pleine :
Un Triton d'un côté, de l'autre une Sirène,
Ont chacun une conque en leurs mains de rocher;
Leur souffle pousse un jet qui va loin s'épancher.
Au haut de chaque niche, un bassin répand l'onde;
Le masque la vomit de sa gorge profonde;
Elle retombe en nappe et compose un tissu
Qu'un autre bassin rend sitôt qu'il l'a reçu.
Le bruit, l'éclat de l'eau, sa blancheur transparente,
D'un voile de cristal alors peu différente,

La Fontaine

Font goûter un plaisir de cent plaisirs mêlé.
Quand l'eau cesse, et qu'on voit son cristal écoulé,
La nacre et le corail en réparent l'absence :
Morceaux pétrefiés, coquillage, croissance,
Caprices infinis du hasard et des eaux...
... L'onde tient sa partie : il se forme un concert
Où Philomèle, l'eau, la flûte, enfin tout sert.
Deux lustres de rochers de ces voûtes descendent;
En liquide cristal leurs branches se répandent;
L'onde sert de flambeaux, usage tout nouveau.
L'art en mille façons a su prodiguer l'eau;
D'une table de jaspe un jet part en fusée;
Puis en perles retombe, en vapeur, en rosée.
L'effort impétueux dont il va s'élançant
Fait frapper le lambris au cristal jaillissant;
Telle et moins violente est la balle enflammée.
L'onde, malgré son poids, dans le plomb renfermée,
Sort avec un fracas qui marque son dépit,
Et plaît aux écoutants, plus il les étourdit.
Mille jets, dont la pluie à l'entour se partage,
Mouillent également le prudent et le sage.
Craindre ou ne craindre pas à chacun est égal :
Chacun se trouve en butte au liquide cristal.
Plus les jets sont confus, plus leur beauté se montre;
L'eau se croise, se joint, s'écarte, se rencontre,
Se rompt, se précipite à travers les rochers,
Et fait comme alambics distiller leurs planchers.
Niches, enfoncements, rien ne sert de refuge :
Ma Muse est impuissante à peindre ce déluge;
Quand d'une voix de fer je frapperois les cieux,
Je ne pourrois nombrer les charmes de ces lieux.

La Fontaine

[LA FÊTE DE VAUX]

... Le souper fini, la comédie eut son tour : on avoit dressé le théâtre au bas de l'allée des sapins.

En cet endroit qui n'est pas le moins beau
De ceux qu'enferme un lieu si délectable,
Au pied de ces sapins et sous la grille d'eau,
Parmi la fraîcheur agréable
Des fontaines, des bois, de l'ombre, et des zephyrs,
Furent préparés les plaisirs,
Que l'on goûta cette soirée.
De feuillages touffus la scène étoit parée,
Et de cent flambeaux éclairée :
Le Ciel en fut jaloux. Enfin figure-toi
Que, lorsqu'on eut tiré les toiles,
Tout combattit à Vaux pour le plaisir du roi :
La musique, les eaux, les lustres, les étoiles.

Les décorations furent magnifiques; et cela ne se passa pas sans musique.

On vit des rocs s'ouvrir, des termes se mouvoir,
Et sur son piédestal tourner mainte figure...

... D'abord aux yeux de l'assemblée
Parut un rocher si bien fait
Qu'on le crut rocher en effet;
Mais insensiblement se changeant en coquille,
Il en sortit une nymphe gentille
Qui ressembloit à la Béjart...

La Fontaine

ET LA MER ET L'AMOUR...

Et la mer et l'amour ont l'amer pour partage,
Et la mer est amere, et l'amour est amer,
L'on s'abyme en l'amour aussi bien qu'en la mer,
Car la mer et l'amour ne sont point sans orage.

Celuy qui craint les eaux, qu'il demeure au rivage,
Celuy qui craint les maux qu'on souffre pour aimer,
Qu'il ne se laisse pas à l'amour enflamer,
Et tous deux ils seront sans hazard de naufrage.

La mere de l'amour eut la mer pour berceau,
Le feu sort de l'amour, sa mere sort de l'eau,
Mais l'eau contre ce feu ne peut fournir des armes.

Si l'eau pouvoit éteindre un brasier amoureux,
Ton amour qui me brûle est si fort douloureux,
Que j'eusse éteint son feu de la mer de mes larmes.

Marbeuf

CHANSON, A LA LOUANGE DE L'EAU, A UN FAMEUX BEUVEUR

Vous, qui d'un langage mocqueur
Condamnez la douce liqueur,
Dont j'emplis cette coupe,
Puissiez-vous vomir jusqu'au cœur,
Yvre comme une soupe.

De moy, je tiens pour asseuré,
Que ce breuvage censuré,
Est preferable au vostre,
Et que dans le siecle doré
L'on n'en cognut point d'autre.

L'eau fait des miracles divers,
Elle est la source des bons vers,
Et quoy que l'on m'oppose,
Je tiens que de cet univers
C'est la première cause.

Elle est plus claire que le jour,
Elle nous induit à l'amour,
Elle émeut la puissance,
Et fait bien voir qu'en son sejour
Venus a pris naissance.

Depuis qu'un chef-d'œuvre si beau
Fit d'une coquille un berceau,
Aux rives de Cythere,
Amour a tousjours aimé l'eau
En faveur de sa mere.

Malleville

Elle sçait les sens r'animer,
Elle fait les plantes germer,
Sa force est naturelle;
Et le vin qui la fait blasmer,
Ne seroit point sans elle.

C'est ce qui compose nos bains,
C'est l'innocent fard de nos mains,
C'est l'ame de ce verre,
C'est la nourrice des humains,
C'est le laict de la terre.

D'un bruit en douceur nompareil,
Elle nous provoque au sommeil,
Attire les dryades,
Et sert de miroir au soleil,
Et de lict aux naïades.

Elle n'offense point Themis,
Par des homicides commis,
Elle n'est point cruelle,
Et jamais entre les amis
N'excita de querelle.

Le vin estouffe la raison,
Et met le feu dans sa maison,
C'est un dangereux guide;
C'est un agreable poison,
C'est un amy perfide.

Pour moy je laisse à l'Alemand,
Stupide, grossier et gourmand,
D'en prendre sans mesure;
Et fais ma gloire seulement
De boire de l'eau pure.

Malleville

ABANDON ENTIER

Air : *Je ne veux de Tirsis*

Je suis un pauvre enfant exposé sur les eaux,
Battu de vague et de tempête;
Je vogue à la merci des flots,
Qui passent souvent sur ma tête.

Dans mon petit berceau je n'ai point de secours;
A chaque instant il se renverse;
Mais le flot reprenant son cours,
Presqu'en un moment le redresse.

Je ne fais rien, hélas! que de m'abandonner;
Mes cris démontrent ma misere;
Je vois que nul ne vient donner
La main pour me porter à terre.

Dans cet état fâcheux je lève au ciel les yeux,
Pour y chercher quelque assistance;
Le flot devient si furieux,
Qu'il m'ôte enfin toute espérance.

Je me sens abîmer dans le vaste Océan
Avec une frayeur étrange;
Nul n'a pitié d'un pauvre enfant,
Ni mon Dieu, ni l'Homme, ni l'Ange.

Madame Guyon

Je me console alors dedans mon désespoir;
Venez me noyer tout à l'heure,
Ameres eaux! car mon espoir
Se perd : il est temps que je meure.

Je me trouve arrêté par de frêles roseaux;
Je vois une main secourable,
Qui vient me retirer des eaux,
Pour me rendre plus misérable.

Je vois de tous côtés les hommes s'empresser
Appellant sur moi tout le monde;
Pourquoi me vouloir retirer?
J'étois mieux au milieu de l'onde.

Madame Guyon

2

Les eaux miroitantes

Il aime à voir nager les coulantes images
Des arbres, des troupeaux, des oyseaux, des nuages.

LE MOYNE

LA MER

. . . Le vent qui murmuroit si haut,
Tient maintenant la bouche close
De peur d'éveiller en sursaut
La divinité qui repose.
La mer dans la tranquilité
Avecque tant d'humilité
Dissimule son insolence,
Qu'on ne peut soupçonner ses flots
De la cruelle violence
Dont se plaignent les matelots.

Le soleil à longs traits ardans
Y donne encore de la grace,
Et tasche à se mirer dedans
Comme on feroit dans une glace;
Mais les flots de vert émaillez
Qui semblent des jaspes taillez
S'entredérobent son visage;
Et par de petits tremblements
Font voir au lieu de son image
Mille pointes de diamants.

Quand cet astre ne vient encor
Que de commencer sa carriere
Dans des cercles d'argent et d'or,
D'azur, de pourpre et de lumière;
Quand l'Aurore en sortant du lit,
Elle que la honte embellit,
Rend la couleur à toutes choses,
Et montre d'un doigt endormy
Sur un chemin semé de roses
La clarté qui sort à demy.

Tristan

Au lever de ce grand flambeau
Un étonnement prend les ames,
Voyant icy naistre de l'eau
Tant de couleurs et tant de flames.
C'est lors que Doris et ses sœurs
Benissans les claires douceurs
Du nouveau jour qui se r'allume,
S'aprestent à faire secher
Leurs cheveux blanchissans d'écume
Dessus la croupe d'un rocher.

Souvent de la pointe où je suis,
Lors que la lumiere decline,
J'aperçois des jours et des nuits
En mesme endroit de la marine.
C'est lors qu'enfermé de broüillards
Cét astre lance des regards
Dans un nuage épais et sombre
Qui reflechissans à costé
Nous font voir des montagnes d'ombre
Avec des sources de clarté.

Lors que le temps se veut changer,
Que la Nature qui s'ennuye
Se va quelque part décharger
De sa tristesse avec la pluye,
Lors mille monstres écaillez
Que la tourmente à réveillez
Sortent de l'onde à sa venuë,
Salüant Iris dans les cieux,
Qui vient étaler dans la nuë
Toutes les delices des yeux.

Tristan

Mais voicy venir le montant,
Les ondes demy courroucées
Peu à peu vont empiétant
Les bornes qu'elles ont laissées.
Les vagues, d'un cours diligent,
A longs plis de verre ou d'argent
Se viennent rompre sur la rive,
Où leur debris fait à tous coups
Rejaillir une source vive
De perles parmy les cailloux...

Tristan

LE PROMENOIR DES DEUX AMANS

Aupres de cette grote sombre
Où l'on respire un air si doux,
L'onde lutte avec les cailloux,
Et la lumiere avecque l'ombre.

Ces flots lassez de l'exercice
Qu'ils ont fait dessus ce gravier,
Se reposent dans ce vivier
Où mourut autrefois Narcisse.

C'est un des miroirs où le Faune
Vient voir si son teint cramoisi,
Depuis que l'Amour l'a saisi,
Ne seroit point devenu jaune.

L'ombre de cette fleur vermeille
Et celle de ces joncs pendans
Paroissent estre là-dedans
Les songes de l'eau qui sommeille...

Tristan

LES FORGES D'ANTOIGNÉ

à Monsieur le Baron de Lavardir

Que dans la douleur qui me presse,
Et qui rend mon sort malheureux,
Ces objects qui semblent affreux
S'accordent bien à ma tristesse;
Que ce séjour remply d'horreur
Est agréable à ma fureur;
Et que je trouve de délices
Dedans la rigueur de mes fers,
A voir en ces lieux de supplice
Le portrait de mon ame, et celuy des enfers.

Ces manoirs funestes et sombres
Sont des lieux qui sont destinez
Pour la demeure des damnez,
Les Forgerons en sont les ombres;
La Sarte semble l'Acheron,
Ce batteau celuy de Charon;
Ces roues semblent estendues,
Pour le chastiment des forfaits;
Et ces balances suspendues
Sont pour peser les maux, et les biens qu'on a faits.

Ce fourneau plus affreux qu'un gouffre
Vomit des brandons éternels,
Et pour punir les criminels
Exhale des flammes de souffre.
Le Desespoir me veut tenter,
Afin de m'y précipiter,
Mais l'horreur des feux m'épouvante,
Les flames me glacent le sein,
Et cette exhalaison bruslante,
Effrayant mon esprit, estouffe ce dessein.

Tristan ?

Pour divertir la violence
De ma peine et de mes soucis,
Je voy des Cyclopes noircis,
Qui s'animant à la cadence,
Battent le fer, et font voler
Mille estincelles dedans l'air;
Quelques fois aussi je m'arreste,
Pour admirer le mouvement
D'un pesant marteau, dont la teste
Semble ne se lever, que par enchantement.

Comme en l'empire des Abeilles,
Chacune exerce son travail,
Les unes vont piller l'esmail,
Que les fleurs monstrent sous leurs feuilles,
Puis s'en vont avec ce butin;
Les autres vont cueillir le thin,
Et l'emportent pour le confire;
D'autres aussi sans fourrager,
S'occupent d'un soin mesnager,
A remplir de nectar leurs cellules de cire.

De mesme icy chacun travaille,
L'un prend un charbon allumé,
Et l'autre d'un bras enfumé
Pince le fer de sa tenaille,
Et fait retentir son marteau;
Quelques-uns versent au fourneau
La mine rousse et sablonneuse,
Que la chaleur consomme un peu;
D'autres qui veillent à la gueuse,
Font couler un ruisseau, dont les flots sont de feu.

Tristan ?

Celuy qui conduit tout l'ouvrage,
Et donne le commandement,
Loge dans un appartement
Beaucoup plus eslevé d'estage;
Et d'abord je creus qu'en ces lieux
Vulcan le forgeron des Cieux,
Aidé du Dieu de la lumière,
Ayant sceu que Mars et Venus
Souillaient son lit d'un adultere,
Les surprit dans ses rets, qui se baisoient tous nus.

Souvent en resvant je m'escarte,
Et quitte ces antres fumeux,
Pour voir le miroir de ces feux,
Brillans et flottans dans la Sarte;
J'y voy l'image des forests,
Des prés voisins et des guerets;
D'autre costé la perpective
De l'air en ses esloignemens
Representez dedans la rive,
Achève un racourcy de tous les Elémens.

Quelquefois aussi je m'amuse
A voir l'escume et les bouillons,
Des flots qui s'eslancent par bons,
En sautant d'une haute écluse,
Qui presse l'eau dans son courant,
Et ravagent comme un torrent
Tout ce qui leur fait résistance;
J'entens le murmure de l'eau,
Dont la force et la violence
Souslève les soufflets, qui grondent au fourneau.

Tristan ?

Des flames le bruit effroyable,
Les précipices de ces eaux,
Le tintamarre des marteaux,
Font un concert espouvantable;
Puis l'ardente haleine des feux
Rend ces lieux si noirs et hydeux
Que quand un Amant s'y promeine,
Dedans l'excez de ses malheurs,
Ou dans les pointes de sa peine,
Il y voit le Tableau de toutes ses douleurs.

Depuis que je sers Carithée,
Que le désir de sa beauté,
La crainte de sa cruauté,
Rendent mon ame inquietée,
Je n'ay point rencontré de lieux
Si favorables à mes yeux;
J'y connois l'estat de ma vie,
Et si je veux finir mon sort,
Je puis choisir dans cette envie
Ou des feux ou du fer, pour faire cet effort.

Le fer dont la masse allumée
Rougit les objets d'alentour,
C'est une image de l'amour
Qui gesne mon ame enflammée :
Cette enclume en sa dureté
Représente ma fermeté;
Cette rivière fond mes larmes,
Ce brasier ardent mes désirs,
Ces marteaux mes vives alarmes,
Et ces soufflets ont moins de vent que mes soupirs.

Tristan ?

LA SOLITUDE

... Que c'est une chose agreable
D'estre sur le bord de la mer,
Quand elle vient à se calmer
Après quelque orage effroyable!
Et que les chevelus Tritons,
Hauts, sur les vagues secouées,
Frapent les airs d'estranges tons
Avec leurs trompes enrouées,
Dont l'eclat rend respectueux
Les vents les plus impetueux.

Tantost l'onde, broüillant l'arène,
Murmure et fremit de courroux,
Se roullant dessus les cailloux
Qu'elle apporte et qu'elle r'entraine.
Tantost, elle estale en ses bords,
Que l'ire de Neptune outrage,
Des gens noyez, des monstres morts,
Des vaisseaux brisez du naufrage,
Des diamans, de l'ambre gris,
Et mille autres choses de pris.

Tantost, la plus claire du monde,
Elle semble un miroir. flottant,
Et nous represente à l'instant
Encore d'autres cieux sous l'onde.
Le soleil s'y fait si bien voir,
Y contemplant son beau visage,
Qu'on est quelque temps à sçavoir
Si c'est luy-mesme, ou son image,
Et d'abord il semble à nos yeux
Qu'il s'est laissé tomber des cieux...

Saint-Amant

EN CE MIROIR QUI COULE

... Zephyre et le beau temps, suivant leur course ailée,
D'un branle agile et doux rasent l'onde salée,
Desembarrassent l'air de nuages espais,
Et de leurs doigts serains partout sement la pais.
Les nageurs escaillez, ces sagettes vivantes
Que nature empenna d'ailes sous l'eau mouvantes,
Montrent avec plaisir en ce clair appareil
L'argent de leur eschine à l'or du beau soleil.
Enfin l'ange et sa troupe en un moment se rendent
Sur la terre où du Nil les rivages s'estendent;
Borée, à leur abord de l'Egipte chassé,
S'en retourne en prison sous le pole glacé;
Le fleuve est un estang qui dort au pié des palmes
De qui l'ombre, plongée au fond des ondes calmes,
Sans agitation semble se rafraischir,
Et de fruits naturels le cristal enrichir;
Le firmament s'y voit, l'astre du jour y roule;
Il s'admire, il éclate en ce miroir qui coule,
Et les hostes de l'air, aux plumages divers,
Volans d'un bord à l'autre, y nagent à l'envers...

Saint-Amant

|LES CYGNES|

... Qu'elle sentoit son ame et ses peines charmées
Lorsque ces beaux vogueurs à voiles emplumées
Se laissoyent emporter, au gré des dous zephirs,
Sur le paisible eclat des liquides saphirs !
Mais avec quels propos son aise exprimeray-je
Lors qu'elle contemploit cette vivante neige
Flotter sans se dissoudre et venir privement
Exiger de sa main l'heur de quelque aliment ?
Ces nageurs blancs et doux luy venoyent rendre hommage ;
Mais si-tost que dans l'onde ils voyoyent son image,
Ils n'osoyent l'approcher, de peur de troubler l'eau
Et de faire perir un si rare tableau...

Saint-Amant

LE CHATEAU DE RICHELIEU

... Lors que sur ce chasteau la lune se fait voir,
En éclaire une part, et peint l'autre de noir,
Je pense voir deux temps que confond la nature.
Le jour est d'un costé, d'autre la nuit obscure.
Quel miracle! qu'ensemble icy regnent sans bruit,
Et partagent la place et le jour et la nuit!
Allons voir aux jardins en plus ample estenduë
L'ombre de ce grand corps sur la terre espanduë.
Desja du grand palais si clair, si bien dressé,
J'en voy sortir un autre obscur et renversé,
Noircissant le parterre, et ses superbes domes
Sur la terre couchez comme de longs fantômes;
L'ombre aux corps attachée, inégale en son cours,
Suit l'astre également, et s'en cache tousjours.
Allons voir ces canaux : quel doux calme en cette onde
Icy je voy sous terre une lune seconde.
Icy le palais mesme, et si clair, et si beau,
A chef precipité se renverse dans l'eau.
O! tromperie aimable, ô! jeu de la nature!
Est-ce une vérité? n'est-ce qu'une peinture?
Ensemble en trois façons ce palais se fait voir,
En soy-mesme, en son ombre, et dans ce grand miroi
Où tout est à l'envers, où tout change d'office,
Où les combles pointus portent tout l'édifice...

Desmarests

L'ON RESVE SUR LES BORDS DE L'ONDE

... Quand ces gens se sont retirez,
Car sur la fin du jour le voisin se retire,
On va chercher le frais de l'ombre et du zephyre
Dans les lieux les plus egarez.
L'on gouste le repos des routes reculées,
L'on roule au petit pas sous de sombres allées,
L'on s'enfonce au plus creux des bois,
L'on resve sur les bords de l'onde,
L'on y lit des romans, l'on exerce sa voix;
La liberté bannit toutes les loix,
Et le caprice seul y reigle tout le monde.

Si le jour fait place à la nuit,
On voit danser sous les fueillées,
A la simple clarté de la lune qui luit,
Mille Nymphes des-habillées,
Qu'au travers des buissons le Faune amoureux suit.

Et lors que l'Aurore esveillée
Ramenant le jour et le bruit,
De perles d'Orient a la terre esmaillée,
L'on y voit sur les costaux
Bondir de toutes parts les innocens troupeaux,
Suivant les petites bergeres,
Qui chantent en mille façons,
Pendant que les bergers, sautant sur les fougeres,
D'une fluste rustique imitent leurs chansons.

Sarasin

Parleray-je point des Napées,
Qui sans cesse sont occupées
A parer les amours de guirlandes de fleurs ?
Ni des Nayades vagabondes
Qui, fuyant le soleil et ses fieres ardeurs,
Se baignent sous les ondes,
A l'ombre des roseaux
Et des saules espais qui couronnent les eaux...

Sarasin

DANS SA GLACE INCONSTANTE

... Au milieu de ce bois un liquide cristal
En tombant d'un rocher forme un large canal,
Qui comme un beau miroir, dans sa glace inconstante,
Fait de tous ses voisins la peinture mouvante...
C'est là, par un chaos agreable, et nouveau,
Que la terre et le ciel se rencontrent dans l'eau;
C'est là que l'œil souffrant de douces impostures,
Confond tous les objects avecque leurs figures,
C'est là que sur un arbre il croit voir les poissons,
Qu'il trouve les oyseaux auprès des ameçons,
Et que le sens charmé d'une trompeuse idole
Doute si l'oyseau nage, ou si le poisson vole.
C'est là qu'une bergère estallant ses attraits,
Fait en se regardant de plus nobles portraits,
Quand, le genou courbé sur les fleurs du rivage,
Elle vient arrouser celles de son visage,
Qui remplissant les eaux de feux et de clartez
Pour un peu d'ornement leur rend mille beautez.
Partout où d'un regard elle échauffe les ondes,
En de nouveaux appas elle les rend fécondes,
Elle n'est plus unique et les flots embelis
Aussi bien que la terre ont une autre Philis...

Habert de Cérisy

DESCRIPTION DE L'ÉTANG

Que c'est une chose charmante
De voir cet étang gracieux,
Où, comme en un lit précieux,
L'onde est toujours calme et dormante!
Mes yeux, contemplons de plus près
Les inimitables portraits
De ce miroir humide;
Voyons bien les charmes puissants
Dont sa glace liquide
Enchante et trompe tous les sens.

Déjà je vois sous ce rivage
La terre jointe avec les cieux
Faire un chaos délicieux
Et de l'onde et de leur image.
Je vois le grand astre du jour
Rouler dans ce flottant séjour
Le char de la lumière;
Et sans offenser de ses feux
La fraîcheur coutumière,
Dorer son cristal lumineux.

Je vois les tilleuls et les chênes,
Ces géants de cent bras armés,
Ainsi que d'eux-mêmes charmés,
Y mirer leurs têtes hautaines;
Je vois aussi leurs grands rameaux
Si bien tracer dedans les eaux

Leur mobile peinture,
Qu'on ne sait si l'onde, en tremblant,
Fait trembler leur verdure,
Ou plutôt l'air même et le vent.

Là l'hirondelle voltigeante,
Rasant les flots clairs et polis,
Y vient, avec cent petits cris,
Baiser son image naissante.
Là mille autres petits oiseaux
Peignent encore dans les eaux
Leur éclatant plumage;
L'œil ne peut juger au dehors
Qui vole ou bien qui nage
De leurs ombres et de leurs corps.

Quelles richesses admirables
N'ont point ces nageurs marquetés,
Ces poissons au dos argentés,
Sur leurs écailles agréables!
Ici je les vois s'assembler,
Se mêler et se démêler
Dans leur couche profonde;
Là je les vois (Dieu! quels attraits!)
Se promenant dans l'onde,
Se promener dans les forêts.

Je les vois, en troupes légères,
S'élancer de leur lit natal;
Puis, tombant, peindre en ce cristal
Mille couronnes passagères.
L'on dirait que comme envieux
De voir nager dedans ces lieux

Racine

Tant de bandes volantes,
Perçant les remparts entr'ouverts
Dc lcurs prisons brillantes,
Ils veulent s'enfuir dans les airs.

Enfin ce beau tapis liquide
Semble enfermer entre ses bords
Tout ce que vomit de trésors
L'Océan sur un sable aride.
Ici l'or et l'azur des cieux
Font de leur éclat précieux
Comme un riche mélange;
Là l'émeraude des rameaux
D'une agréable frange
Entoure le cristal des eaux.

Mais quelle soudaine tourmente
Comme de beaux songes trompeurs
Dissipant toutes les couleurs,
Vient réveiller l'onde dormante?
Déjà ses flots entre-poussés
Roulent cent monceaux empressés
De perles ondoyantes,
Et n'étalent pas moins d'attraits
Sur leurs vagues bruyantes
Que dans leurs tranquilles portraits.

Racine

FONTAINES OU LE SOLEIL NAGE

Benedicite fontes Domino

... Fontaines où le soleil nage,
Clairs miroirs de crystal coulant,
Où par l'esclat d'un or tremblant
Cét astre fait voir son image;
Chastes meres de nos ruisseaux,
Vives sources, riches vaisseaux
Qui regorgez d'argent potable;
Benissez pour l'homme esgaré
Celuy dont l'adresse admirable
L'abreuve de l'argent dont il est alteré.

Benedicite maria

Vaste ocean, monde liquide,
Lice des corsaires aislez
Que les quatre vents attelez
Emportent d'un effort rapide;
Monstre eternellement couché,
Et dans vostre lict attaché
Comme un capricieux malade;
Loüez d'un air humilié
Vos fers après chaque boutade,
Et benissez la main qui vous en a lié.

Benedicite flumina Domino

Ondes sagement égarées
Dans ces audacieux détours,
Par qui le commerce prend cours
Entre les villes separées;

Martial de Brives

Veines des champs, longs serpens d'eau,
Qui trainez vostre humide peau
Sous vos bords couverts de verdure;
Fleuves qui courez sans ennuy
Quoy qu'avec un peu de murmure,
Benissez le Seigneur en murmurant de luy.

Benedicite cete et omnia

Vous qu'en vain les ondes conspirent
De parfaitement enfermer,
Balénes qu'on voit sur la mer
Comme des isles qui respirent;
Et vous tous, menus habitans
Des palais souples et flottans,
Que forment les marbres de l'onde;
Benissez Dieu, menus poissons,
Puisque la sagesse profonde
De vos silences fait de tres hautes leçons.

Martial de Brives

DE LA VIE CHAMPESTRE

... Reposant d'autres fois au bord d'une riviere,
Qui se fait de son lit une longue carriere,
Et sert comme d'un bain, où le soleil de jour,
Où la lune de nuit, se baignent tour à tour,
Il aime à voir nager les coulantes images
Des arbres, des troupeaux, des oyseaux, des nuages.
Il se plaist à conter du regard en resvant,
Les cercles et les plis, qui se font sous le vent...
... Ainsi, dit-il, nos jours, ainsi nos ans s'écoulent,
Et la Mort est le terme où leurs cercles nous roulent.
Tous les temps, tous les lieux mènent à cette fin;
Comme on y va le soir, on y va le matin...
... Et puis, voyant nager sur la face des eaux
Les images du ciel, des arbres, des oyseaux,
Il est ainsi, dit-il, des plaisirs de ce monde,
Ce ne sont que portraits representez sur l'onde;
Tout en est inconstant, tout en est imposteur;
Tout n'est que faux-semblant, et que trompeuse fleur;
Le fond en est liquide, et l'image changeante,
Elle coule et se perd dés qu'elle se presente;
Sans que le vent la trouble, et qu'il souffle dessus,
Elle passe avec l'onde, et ne retourne plus.
Et les hommes trompez de ces ombres mobiles,
De ces charmes tissus d'images volatiles,
Délaissant le vray Bien, le vray Beau, le vray Grand,
Abandonnent leurs cœurs, et leurs esprits au vent;
Et comme papillons errans à l'aventure,
Courent à la couleur, se paissent de figure...

Le Moyne

UN LIQUIDE MIROIR

... Il n'est rien de charmant, comme l'est cette source,
La grace, et la fraischeur accompagnent sa course;
Elle a je ne sçay quoy d'éclatant et de noir,
Dont les ombres se font un liquide miroir.
La nuit tous les matins y laisse son image,
Que ses hostes touffus couvrent de leur feuillage.
Le plus beau des Zephyrs étendu sur le bord,
Resve au bruit inégal de l'onde qui l'endort,
Et qui par menus plis se traisnant sur la plaine,
Emporte avecque soy les soupirs et l'haleine
De ce doux createur des beaux jours et des fleurs,
Qui rafraischit par là ses premieres chaleurs,...

Le Moyne

LA MER

... La Mer est le miroir de cette Mer d'essence,
Où nul estre ne flotte, où tout estre est substance;
En sa bonace on voit un Dieu tranquille et doux;
On voit en sa colere un Dieu plein de courroux.
Elle étend comme Dieu ses bras à tout le Monde;
Tous les peuples ont part aux bien-faits de son onde;
Elle donne toûjours, sans jamais se vuider;
Toûjours elle s'emplit, sans jamais déborder;
Et par là mesme, elle est semblable à ce grand Centre,
D'où toute chose coule, où toute chose r'entre.
Elle n'est, comme luy, qu'une en tout l'univers;
Comme luy, sous un nom, elle a cent noms divers;
Elle est icy françoise, ailleurs elle est flamande,
Espagnole autre-part, et par tout elle est grande;
Cette grandeur pourtant, n'est qu'un petit filet,
Qu'un simple écoulement du premier Estre a fait...

Le Moyne

SUR LES FONTAINES ET RIVIÈRES

Verres tremblans, miroirs liquides,
Flots d'argent, veines de crystal,
Qui de votre coulant métal,
Humectez les terres arides;

Canaus, dont les ondes rapides,
S'enfuyant de leur lieu natal,
Roulent, par un ordre fatal,
Dans le sein des plaines humides;

Beaux fleuves, ruisseaux precieux,
Où le brûlant astre des cieux,
Se baignant, amortit ses flâmes;

Qu'êtes-vous, pour charmer les cœurs,
Au prix de la Source, où les ames
Puisent d'éternelles douceurs?

Drelincourt

SONNET DU MIROIR

Miroir, peintre et portrait qui donne et qui reçois,
Et qui porte en tous lieux avec toi mon image,
Qui peux tout exprimer, excepté le langage,
Et pour être animé n'as besoin que de voix;

Tu peux seul me montrer quand chez toi je me vois,
Toutes mes passions peintes sur mon visage;
Tu suis d'un pas égal mon humeur et mon âge,
Et dans leurs changemens jamais ne te deçois.

Les mains d'un artisan au labeur obstinées,
D'un penible travail font, en plusieurs années,
Un portrait qui ne peut ressembler qu'un instant.

Mais toi, peintre brillant, d'un art inimitable,
Tu fais sans nul effort un ouvrage inconstant
Qui ressemble toûjours, et n'est jamais semblable.

D'Etelan

LES LEÇONS DU MIROIR

Que cette glace est belle :
Qu'elle est nette et fidelle :
Elle exprime un visage, et ne le flatte point.
Mais je porte dans l'ame
Un cristal qui m'enflamme :
Dieu me sert de miroir, de juge et de témoin.

Mon miroir quoy que utile,
Est un miroir sterile,
Il ne me fait rien voir que ce qu'il prend de moy.
Dieu miroir tres sublime
En m'exprimant, s'imprime,
Me fait voir qui je suis, et ce qu'il est en soy.

Mon miroir n'est que verre,
Et je ne suis que terre :
Le miroir et l'objet ont tous deux mesme sort.
Rien dans l'ame n'efface
Les beautez de la grace :
Cette grace devient plus belle par la mort.

La transparance, et l'ombre
Le rendent clair, et sombre :
L'un reçoit mon image, et l'autre le produit :
Seigneur que je connoisse
Vos vertus, ma foiblesse :
Qu'en moy tout est nüage, et qu'en vous tout reluit..

Malaval

NOTES
ET RÉFÉRENCES

Les titres des poèmes qui ne sont pas de l'auteur sont suivis d'un astérisque s'ils sont constitués par un fragment de vers, placés entre crochets s'ils sont entièrement dus au présentateur.

L'INCONSTANCE NOIRE

P. 33. - D'AUBIGNÉ : CHANGEA COMME IL VOULUT *.

- *L'Hécatombe à Diane* (prob. composée entre 1571 et 1573).
- Première partie du *Printemps*, éd. B. Gagnebin, Genève, 1948, p. 46, sonnet 29.
- *Vertonme* : divinité latine des jardins et des saisons, portée, comme Protée, aux métamorphoses; revêtant diverses formes pour séduire Pomone.

P. 34. - DU BARTAS : RIEN N'EST ICY CONSTANT *.

- *Première Semaine, Second Jour*, vers 189-231.
- Dans cette description du chaos originel, première apparition de Prothée.
- « Par une similitude, il montre le changement continuel du monde, en la matière et en la forme d'icelui, selon qu'il plaist à Dieu, en telle sorte néanmoins que la matière demeure, encore qu'elle prenne une infinité de formes. » (S. Goulart). On a reconnu au passage des souvenirs d'Ovide *(Métamorphoses)* et de Platon, ainsi qu'un vers célèbre de Ronsard *(Contre les bûcherons de la forest de Gastine)* :

« La matière demeure et la forme se perd ». C'est « la doctrine, classique chez tous les aristotéliciens, de l'incorruptibilité de la matière. *Impossibile est materiam primam generari vel corrumpi*. Mais si la matière est incorruptible, la forme naturelle ne l'est pas ». (Gilson, *Héloïse et Abélard*, Paris, 1938, p. 166-167). Gilson cite un texte du XIIe siècle : *Res eadem subjecta manet, sed forma vagatur.*

P. 36. - CHASSIGNET : COMME L'OMBRE FRAGILE *.

- *Le Mespris de la vie...*, Besançon, 1594, sonnet CCLIV.
- Chassignet est poète de l'inconstance par nostalgie de la permanence.

P. 37. - CHASSIGNET : COMME LA FLEUR *.

- *Le Mespris de la vie...*, sonnet CCLXVI.

P. 38. - CHASSIGNET : UNE ATTENTE MUABLE *.

- *Le Mespris de la vie...*, p. 103 (sonnet non numéroté).

P. 39. - ANTOINE FAVRE : LE TEMPS N'EST QU'UN INSTANT... *.

- *Entretiens spirituels*, Paris, 1602, p. 33, sonnet 64.

P. 40. - LEVASSEUR : ANTITHÈSE DE L'HOMME INCONSTANT.

- *Antithèses ou Contre-pointes du ciel et de la terre*, Paris, 1608, p. 83.
- *butte* : cible.

P. 41. - La Roque : En forme d'un prothée *.

- *Œuvres, Paris,* 1609, p. 757.

P. 42. - Angot de L'Éperonnière : Comme un caméléon... *.

- *Les Exercices de ce temps,* Rouen, 1631 extrait de la 9e « satyre » : *Le Débauché,* éd. Lachèvre, Paris, 1924, p. 93-94.

P. 43. - Malherbe : Aux ombres de damon.

- *Les Poésies,* éd. Lavaud, Paris, 1937, p. 253-254. Pièce composée probablement avant 1605, publiée en 1630.

P. 44. - Auvray : Le songe d'une nuict *.

- *La Pourmenade de l'ame devote,* Rouen, 1633, p. 54-55.

- *ampoule :* bulle.

- Cette méditation sur l'homme et sa fragilité est extraite de *La Vierge au pied de la Croix, Pause II.* Ce qui doit surtout retenir l'attention dans un poème comme celui-ci, (et beaucoup de ceux qui suivront), c'est moins le thème que les motifs, et leur surabondance : d'abord, girouette, sable, onde, air, tous les symboles de l'instabilité, dont se griseront les poètes de l'inconstance heureuse; un Auvray s'en afflige, il les voit proliférer avec accablement, il les noircit en les accompagnant d'un groupe de motifs sombres : ver, poulpe, bourbier, brouillard, charbon...; l'instable est le signe d'un mal, d'une déchéance; dans ce contexte, le groupe d'images qui, rappelant les symboles initiaux, terminent la méditation, images en elles-mêmes heureuses et légères : verre, bulle, songe..., s'interpréteront négativement; ce seront autant de marques du péché.

P. 45. - Auvray : Hélas! Qu'est-ce de l'homme... ? *

- *La Pourmenade de l'Ame devote...* Rouen, 1633, p. 65-66.

P. 47. - Auvray : Au mouvant de ce monde *.

- Extrait de « Grâces rendues en l'année 1608, luy estant résident en Holande », *Œuvres sainctes,* Rouen, 1634, p. 62.

P. 48. - Tristan : Un composé de lumière et de fange *.

- *La Folie du Sage,* Paris, 1645, Acte IV, scène 1. Le savant Ariste, personnage principal de la pièce, devient fou à la suite d'un chagrin. La tirade reproduite appartient à la scène centrale de la pièce, tout le reste n'est là que pour la préparer; ce qui semble aux frères Parfait « un galimatias inintelligible » est une scène de « savante folie » : c'est un savant qui divague, accumulant les souvenirs de lectures; ce « tintamarre » d'opinions diverses et contradictoires produit l'effet recherché d'incohérence et de paradoxe, propre à bien définir l'homme.

- Ariste est un des nombreux « furieux » et délirants qu'on voit, entre 1630 et 1645, sur la scène française.

- *vaisseau* : vase.
- *esprits* : parties les plus volatiles du corps.

P. 49. - BRÉBEUF : DE L'INCONSTANCE HUMAINE.
- *Entretiens solitaires*, Rouen, 1660, chap. III.

P. 54. - BRÉBEUF : TU N'ES PLUS RIEN QU'UN SONGE *.
- *Entretiens solitaires*, chap. XXVIII.

P. 56. - BRÉBEUF : MOI QUI NE SUIS QU'UNE OMBRE *.
- *Entretiens solitaires*, chap. VI.

P. 60. - HOPIL : CANTIQUE DES MONTAGNES.
- *Douces extases de l'âme spirituelle*, Paris, 1627, p. 477-480. Les textes de ce recueil, la plupart en prose, sont des méditations sur le *Cantique des Cantiques*.

L'INCONSTANCE BLANCHE

P. 63. - D'AUBIGNÉ : O DIVINE INCONSTANCE *.
- *Œuvres complètes*, éd. Réaume et Caussade, t. III, p. 234.
- *bouteilles* : bulles.
- *vif* : vivant.

P. 64. - D'AUBIGNÉ : JE VOLLE HAUT... *
- Le Printemps II, éd. F. Desonay, Genève, 1952, p. 154-56. Ce jeu sur des thèmes platoniciens, cet éloge de l'inconstance et de la « céleste légèreté », la dernière strophe nous prie de n'y voir que « paradoxe pour en rire »; on s'en serait douté, connaissant d'Aubigné pour ce qu'il est, en poésie : amant constant et « immobile ».

P. 67. - D'AUBIGNÉ : SUR L'INCONSTANCE DE LA FEMME.
- *L'Hiver*, dans *Petites œuvres mêlées*, Genève, 1630, p. 169.

P. 68. - LA ROQUE : INCONSTANCE PAYÉE D'INCONSTANCE.
- *Muses ralliées*, Paris, 1599 (texte du *Parnasse* de 1618, p. 177).
- *la marine* : la mer, qui est le milieu même de l'inconstance, d'où cette Venus est issue.
- *fuir* : compte pour deux syllabes; habituel au XVIe siècle.

P. 70. - DU PERRON : LE TEMPLE DE L'INCONSTANCE.
- *Délices de la poésie françoise*, Paris, 1618, p. 87-88. A paru pour la première fois dans les *Muses ralliées* de 1599.
- *sacrer* : consacrer.
- *le serpent qui de vent allaicté* : le caméléon, qui passait pour se nourrir de vent; Furetière signale cette « vieille erreur ».

P. 72. - MOTIN : INCONSTANCE.
- *Muses ralliées*, 1603.
- *conin* : lièvre.
- *Achelois* : Acheloos, divinité fluviale qui se métamorphose, au cours de son combat contre Héraklès, en serpent et en taureau.

P. 74. - DURAND : STANCES A L'INCONSTANCE.
- *Livre d'Amour*, 1611, éd. Lachèvre, Paris, 1907, p. 219-221.

P. 76. - LE MOYNE : LE PALAIS DE LA FORTUNE.
- *Entretiens et Lettres poétiques*, Paris, 1665. Extrait de : *Le Palais de la Fortune*, Entretien IX; il « représente les périls et les travaux de ses courtisans »; un palais multiforme, et chaque jour différent, est l'image de ce monde mouvant et incertain.

P. 77. - LINGENDES : POUR LE BALLET DES DIEUX MARINS.
- *Nouveau Recueil des plus beaux vers...*, Paris, 1609. *Œuvres poétiques*, éd. Griffiths, Paris, 1916, p. 180-183.

P. 80. - VAUQUELIN DES YVETAUX : L'AMOUR DE CHANGER *.
- *Recueil de vers*, Paris, 1606. *Œuvres complètes* éd. par G. Mongrédien, Paris, 1921, p. 89.

P. 81. - D'URFÉ : STANCES D'HYLAS. DE SON HUMEUR INCONSTANTE.
- *Astrée*, t. III, livre I (éd. Vaganay, t. III, p. 36-37).

P. 83. - D'URFÉ : VILANELLE D'HYLAS.
- *Astrée*, III, 7 (éd. Vaganay, III, p. 345-346). Hylas est le grand inconstant de l'*Astrée* et le docteur de l'inconstance; contre Silvandre, théoricien de l'amour pur et fidèle, il chante cette vilanelle pour répondre au sonnet qu'un amoureux transi vient de « soupirer » :
- « N'est-ce assez de l'aymer pour toute récompense? Hylas, qui estoit auprès de luy, et qui ne pouvoit approuver cette opiniastre affection, soudain que Calidon eut achevé, chanta à haute voix ces vers... ». Suit la Vilanelle.

P. 85. - D'URFÉ : STANCES DU CHEVALIER TRAHI PAR SA MAITRESSE.
- Astrée, III, 6 (éd. Vaganay, III, p. 284-285).

P. 86. - D'URFÉ : STANCES DU BERGER A QUI REVIENT LA BERGÈRE INFIDÈLE.
- *Astrée*, IV, 6 (éd. Vaganay, IV, p. 327).

P. 87. - LINGENDES : ALCIDON PARLE.
- *Séjour des Muses*, Rouen, 1624.
- *Œuvres poétiques*, éd. Griffiths, Paris, 1916, p. 165. Imité de la *Diane* de Montemaior, Livre I (Cancion de Sireno, « Sobre el arena sentada... »).

P. 88. - MARBEUF : SUR LE BORD SABLONNEUX... *.

- *Recueil de Vers*, Rouen, 1628 (éd. A. Héron, Rouen, 1897, p. 181).

P. 89. - ANGOT DE L'ÉPERONNIÈRE : LE COURS.

- *Les Exercices de ce temps*, Rouen, 1631, 3e Satyre, éd. Lachèvre, Paris, 1924, p. 131-132.
- *roquet* : robe.
- *roupille* : manteau.
- *Plusieurs vont formant l'homme*... Dans tout ce passage, on reconnaît du Montaigne, ou du Charron, mis en alexandrins (cf. *Essais*, III, 2, au début). On lit du reste à la fin de cette 3e satyre : « Tousjours auprès de moy on voit dessus ma table Charon le philosophe et Montagne admirable... ».

P. 91. - MOTIN : STANCES, MON DIEU! QUE LE PENSER...

- *Œuvres inédites*, Paris, 1882, p. 66-67.

P. 92. - ANONYME : LE PEINTRE.

- *Recueil des plus excellens ballets de ce temps*, Paris, 1612, dans P. Lacroix, *Ballets et Mascarades de Cour*..., Genève, 1868, t. I, p. 221-2.
- *eau de nafe* : eau de fleur d'oranger.

P. 94. - GODARD : LA PENSÉE.

- *La Nouvelle Muse ou Les Loisirs*, Lyon, 1618, p. 116-117.
- Ces trois dernières pièces « montaigniennes » expriment la « volubilité » de la pensée; l'esprit est chose fuyante et insaisissable.

P. 98. - DURVAL : LA MATINÉE.

- *Les Travaux d'Ulysse*, Paris, 1631, *Autres pièces*, p. 3-8. Ce charmant poème d'un dramaturge est là pour dire la diversité infinie des gestes et des activités, tandis que les heures passent : « tant de visages divers ».
- *où le roy n'a jamais esté* : le roi chasse et effarouche les perdrix.
- *Silvie* : tragi-comédie pastorale de Mairet (1628).
- *Targa* : libraire.

P. 102 - SAINT-PAVIN : UN PETIT MOULIN A VENT *.

- *Poésies choisies*, Paris, 1912, p. 5-7.

P. 105. - SCUDÉRY : POUR UNE INCONSTANTE.

- *Poésies diverses*, Paris, 1649, p. 53.
- *ellébore* : « On dit proverbialement qu'un homme a besoin de deux grains d'ellebore, pour dire qu'il est fou; parce qu'on se servoit autrefois d'ellebore pour guerir la folie ». (Furetière). « Ma commère, il faut vous purger avec quatre grains d'ellébore » (*Le Lièvre et la Tortue*). C'est le spécifique de la mélancolie; le traitement remonte à Hippocrate. (Cf. Jean Starobinski, *Histoire du traitement de la mélancolie des origines à 1900*, Bâle, 1960).

P. 106. - VOITURE : CHANSON.
- *Œuvres*, 1650 (5e éd., 1656, p. 90 des *Poésies*).

P. 107. - SARASIN : STANCES A M. DE CHARLEVAL.
- *Œuvres*, Paris, 1658, t. II, *Les Poésies*, p. 44-45.

P. 109. - MAUCROIX : AIR.
- *Œuvres diverses*, éd. L. Paris, Paris, 1854, t. I, p. 11, composé entre 1634 et 1640.

P. 110. - CORNEILLE : POUR MOI, J'AIME UN CHACUN *.
- *La Place Royale, ou L'Amoureux extravagant*, Acte I, scène 1 (saison 1633-1634).
- C'est l'inconstante Phylis qui parle; Phylis incarne non seulement une forme de féminisme agressif, entre la Corisca du *Pastor fido* et l'Armande de Molière, mais surtout le « change » cornélien; c'est le thème de la pièce, que porte au paroxysme le pendant masculin de Phylis, Alidor; c'est lui qui prend la parole dans le fragment suivant.

P. 111. - CORNEILLE : [ALIDOR].
- *La Place Royale*, Acte I, scène 4.
- *pour vivre de la sorte* : pour que je vive...
- Angélique est la femme qu'il aime, et dont il veut se libérer, par pure volonté d'affirmer sa liberté et de se dresser au-dessus des fluctuations du monde sensible.

BULLE, BALLE, NEIGE

P. 117. - SPONDE : [FLEURS, BULLES...].
- IIe Sonnet de la mort : « Mais si faut-il mourir... ».
- *braver de* : parler avec dédain.
- *ampoulle* : bulle.
- Fleur, bulle, bougie, flot, éclair, neige; succession rapide et non liée de métaphores qui se substituent les unes aux autres, et passent elles-mêmes dans le sonnet aussi soudainement que ce qu'elles signifient; on en verra maints autres exemples. Ici, au thème du passage se superpose celui de l'apparence trompeuse et brutalement démentie.

P. 118. - CHASSIGNET : UN SONGE PASSAGER... *.
- *Mespris de la vie...*, sonnet CCLXIII.

P. 119. - CHASSIGNET : ... LA LAMPE ENFUMÉE *
- *Ib.*, sonnet XL.
- *art* : brûle.

P. 120. - CHASSIGNET : [BULLE, SONGE ET FUMÉE].
- *Ib.*, sonnet XCVIII.
- *bouteille* : bulle.
- *bricole* : ricochet, accident.
- *rouant* : tournoyant.
- *confle* : vessie enflée.

P. 121. - CHASSIGNET : [BULLE ET OMBRE].
- *Ib.*, sonnet XCIX.

P. 122. - FIEFMELIN : CETTE VIE EST DE PLUME *.
- *Image d'un Mage*, Poitiers, 1601, fo. 256.
- *à l'erte* : sur ses gardes, en éveil.
- Hénoc, comme Elie, (*Gen.* 24), ne mourut pas, mais fut « transporté » vivant dans le ciel; « c'est par la foi qu'Hénoc fut enlevé, afin qu'il ne vît pas la mort » (*Ep. aux Hébreux*, XI, 5); le chrétien, lui, devra comme le Christ passer par la mort. Même référence chez Sponde, *Sonnet de la mort* N° XI, dernier tercet; le sonnet VIII de Sponde est un frère aîné de celui-ci : « ... hé! commence d'apprendre Que la vie est de plume, et le monde de vent. » Fiefmelin connaît Sponde, il le nomme et le loue dans un de ses poèmes.

P. 123. - FIEFMELIN : COSMOLOGIE.
- *Image d'un Mage*, f° 172.
- *esteuf* : balle.
- *coupeau* : sommet, colline.
- *trac* : « Vieux mot qui signifie la piste des bêtes » (Furetière).
- *seconder* : suivre.
- *prime* : matin.
- *aure* : souffle, vent.
- Encore un exemple de poème formé de métaphores accumulées, se poursuivant, se substituant pour faire finalement du poème une métamorphose.

P. 124. - LAUGIER DE PORCHÈRES : SUR LA MORT DE POLEMANDRE COMPARÉE A UNE FUZÉE.
- *Parnasse...*, Ier vol., 1607.

P. 125. - SIGOGNE : ELLE NE PÈSE PAS *.
- *Délices Satyriques*, Paris, 1620, éd. Fleuret et Perceau des *Œuvres satyriques* de Sigogne, Paris, 1920, p. 214.
- *cotelle* : petite cotte, jupette.
- *malet*, ou mallier : cheval placé dans les brancards.
- *à la pareille* : ensemble.
- *bouteille* : bulle.

P. 126. - SIGOGNE : STANCES (1614).
- Éd. Fleuret et Perceau, p. 109.
- *rebecq* : « Vieux mot qui signifioit autrefois : violon à trois cordes » (Furetière).

- *revenu d'un bouillon* : blanchi.
- *mistement damoiseau* : gracieusement coquet.

P. 127. - La Mesnardière : Follette, aventures énigmatiques d'une dame fort légère.

- *Les Poésies*, Paris, 1656, p. 26 ss.

P. 130. - Bussières : La neige.

- *Descriptions poétiques*, Lyon, 1649, p. 131-132.
- *Au milieu des deux airs* : entre les deux régions de l'air; selon les théories physiques en vigueur, il y en avait trois, superposées.
- D'abord statiques, les images, en se multipliant, s'animent progressivement, se soulèvent en figures volantes et dansantes : *papillons perlez*, *fantosmes aislez*, qu'entraîne un mouvement tourbillonnant.

P. 131. - Saint-Amant : L'hyver des Alpes.

- *Œuvres*, Troisième partie, Paris, 1649, éd. Livet, t. I, p. 393.
- Cascade de métaphores : *atomes de feu*, *étincelles*, *parure*, *coton du ciel*, *pavé transparent*, pour désigner un seul et même objet, la neige; le poète tourne autour de cet objet, il opère par le moyen de prises de vue multiples. Même technique dans les poèmes de Martial de Brives, qui suivent immédiatement.
- *Second métal* : l'argent (l'âge d'argent suit l'âge d'or).

P. 132. - Martial de Brives : Paraphrase sur le cantique des trois enfants, Benedicite opera omnia Domini Domino.

- *Œuvres poétiques et sainctes*, Lyon, 1653, p. 28-32.
- *alambiquées* : distillées, passées par l'alambic.
- Le lecteur qui ne goûte pas pleinement les poèmes de Martial de Brives n'est pas encore acquis aux enchantements d'un style baroque. Martial est à cet égard un poète exemplaire. Sans insister sur le thème : louange extasiée d'un univers regardé à la loupe, émerveillement sans fin qui appelle et justifie l'emploi de la métaphore multiple, j'attirerai l'attention sur un point : la conception même de la paraphrase, telle qu'elle est pratiquée ici; c'est l'expansion du décor aux dépens de la fonction : à partir d'un motif simple, rosée ou neige, toute la strophe développe un système d'images, une construction ornementale qui finit par recouvrir le motif initial de sa profusion.

P. 135. - Martial de Brives : Paraphrase sur le psaume Laudate Dominum.

- *Ib.*, p. 73-74.

P. 137. - Madame Guyon : Conduite d'abandon a Dieu.

- *Cantiques et Poésies spirituelles*, Paris, 1790, t. II, p. 225-227.

- L'image de la balle, comme ailleurs celles de la girouette, de la paille au vent, de l'esquif sur le flot, figure chez la quiétiste Madame Guyon la vertu d'*abandon*, d'*indifférence*; passif entre les mains de la grâce, « je vais comme on me mène ».

OISEAUX, LUCIOLES, VENTS

P. 143. - SAINT-AMANT : [LA VOLIÈRE], extrait de *Epistre diversifiée*.

- *Œuvres*, éd. Livet, t. I, p. 435.

- On notera, comme dans le *Contemplateur*, la construction par *tantôt... tantôt...*, pour signifier la multiplicité des points de vue tour à tour adoptés (cf. à ce sujet I. Buffum, *Studies in the Baroque...*, p. 146-7); et le dernier vers où se condense une pluralité d'impressions hétérogènes dans un mouvement d'envol : *Un tourbillon de plumes et de sons.*

P. 144. - SAINT-AMANT : LE CONTEMPLATEUR (1627).

- Éd. Livet, t. I. p. 35-37.

- La luciole (strophes 2 et 3 de ce fragment) n'est pas nommée expressément, mais désignée allusivement par une série de métaphores « maristes » : *ver qui brille, astre vivant, escarboucle qui chemines.* On retrouvera la luciole, qui pourrait être un des emblèmes du Baroque, à la fin du *Moyse sauvé*. Un des plus extraordinaires poèmes inspirés par la luciole est l'œuvre de Guido Casoni, dans un recueil paru à Venise en 1602 :

Luccioletta gentile...
Spiritosa facella,
Rubin volante e fuggitiva stella, etc....

On le trouvera dans l'excellente anthologie de G. Getto, *Marinisti*, Turin, 1954. J'en ai publié une traduction dans les *Cahiers du Sud*, N° 332, décembre 1955.

P. 146. - SAINT-AMANT : [LES LUCIOLES].

- *Moyse sauvé*, 12e partie (derniers vers du poème), éd. Livet, t. II, p. 328.

P. 147. - SAINT-AMANT : [LA PÊCHE].

- *Moyse sauvé*, 7e partie, éd. Livet, t. II, p. 251.

- *le nageur* : le poisson.

- Cette pêche dans le Nil est pour Saint-Amant l'occasion de suivre une métamorphose : le poisson est d'abord changé en oiseau, puis « d'oyseau devient serpent ».

- Sur le bestiaire de Saint-Amant et la proximité chez lui du poisson et de l'oiseau, on lira un essai suggestif de

G. Genette dans les *Lettres Nouvelles du* 30 décembre 1959 : *L'univers réversible de Saint-Amant.*

P. 148. - SCUDÉRY : UNE VOIX EMPLUMÉE *.

- *Le Printemps*, dans *Autres œuvres*, à la suite de *Ligdamon et Lidias*, Paris, 1631, p. 184.

- Scudéry signale son marinisme en répandant les métaphores *atome sonnant*, *voix emplumée*, *plume harmonieuse*, *souffle vivant.*

P. 149. - DU BOIS HUS : OYSEAUX, LUTHS ANIMEZ *.

- *La Nuict des Nuicts...*, Paris, 1641, 1re partie, p. 17-18.

- *Venez l'entretenir* : entretenir le nouveau-né; la *Nuict des Nuicts*, c'est la nuit de Noël.

P. 151. - MARTIAL DE BRIVES : BENEDICITE OMNES VOLUCRES.

- *Œuvres poétiques et sainctes*, Lyon, 1653, p. 37.

- *Voix visibles, sons emplumez...* Ce type de métaphores appartient à une tradition européenne qui remonte à des textes, célèbres au XVIIe siècle, de Gongora et surtout de Marino.

- Au *luth vivant* de Martial de Brives répond le *luth animé* de Du Bois Hus, dans le poème précédent. Cf. également le poème de Scudéry.

P. 152. - MARTIAL DE BRIVES : VIVES ET VOLANTES GALÈRES *, *ib.*, p. 77.

P. 153. - PERRIN : LE PAPILLON.

- *Divers insectes*, Paris, 1645, et *Recueil de Poésies*, Paris, 1655, p. 3-5.

- Bon exemple de description " myope " où l'objet est pris sous la loupe; cette vision myope est un caractère souvent reconnu par les historiens récents à une certaine poésie italienne, et européenne ,du XVIIe siècle; mais on remarquera surtout, dans ce poème de Perrin, la sensibilité au chatoiement, aux riches nuances de la palette, à la diversité mouvante du papillon présenté comme un petit arc-en-ciel volant; finalement, si l'objet considéré est infime, c'est tout l'univers qui se reflète en lui, un univers « en racourcy ».

- *muance* : changement, variation; inconstance, instabilité. « Toutes choses sont en fluxion, muance et variation perpétuelle. » (Montaigne, II, 12).

P. 155. - DU BARTAS : [LES VENTS].

- *Seconde Semaine*, *L'Arche*, Œuvre, t. III, p. 109, vers 307-322.

P. 156. - DU BOIS HUS : LES VENTS LES PLUS DÉLICIEUX *.

- *La Nuict des Nuict et le Jour des Jours*, Paris, 1641, p. 115 (Seconde partie).

P. 157. - MARTIAL DE BRIVES : ÉNIGME SUR LE VENT.
- *Parnasse séraphique*, Lyon, 1660, p. 407.

P. 158. DRELINCOURT : SUR L'AIR.
- *Sonnets chrétiens*, Niort, 1677, Première partie, sonnet 21.

P. 159 - DRELINCOURT : SUR LES VENTS.
- *Ib.*, Première partie, sonnet 24.

P. 160. - LEVASSEUR : COMME UNE GIROUETTE *.
- *Antithèses du Ciel et de la Terre*, Paris, 1608, p. 53-54, extrait de : *Antithèse de la chair et de l'esprit*, « où se voit l'agitation grande de l'homme mondain à demy desesperé ».
- L'auteur se met ici sous le signe de « Circé la charmeresse », et se compare à la poussière dans un tourbillon, à la feuille « détachée de l'arbre », et à la paille en automne qu'on voit « faire la virevolte au gré du vent ».

P. 161. - MADAME GUYON : AMOUR DE LA JUSTICE DIVINE.
- *Poésies et Cantiques...*, t. I, p. 156, (éd. de Paris, 1790).

P. 162. - MADAME GUYON : UN FÉTU DONT LE VENT SE JOUE... *.
Ib., t. II, 160-161.
- Girouette auparavant, fétu dans le vent ici, autant de symboles de l'abandon, de l'esprit d'enfance qui renonce à toute volonté propre pour se laisser porter par la volonté divine. « Je ne suis qu'un instrument », disent les *Torrents*; et une lettre : « Etre la girouette du bon Dieu, laquelle se laisse mouvoir au moindre petit vent de l'inspiration » (Lettres, IV, 596). Même abandon de la plume, ou de la voix, à « l'inspiration », quand Madame Guyon compose : « Je vais commencer à écrire ce que je ne sais pas moi-même, tâchant autant qu'il me sera possible de laisser conduire mon esprit et ma plume au mouvement de Dieu... lorsque je commence à écrire, je ne sais point ce que je dois écrire...» (Lettre-Préambule aux *Torrents spirituels*).

NUAGES ET ARCS-EN-CIEL

P. 167. - MALHERBE : LES LARMES DE SAINCT PIERRE, IMITÉES DU TANSILLE (1587).
- Texte de 1607, éd. Lavaud, Paris, 1936, t. I, p. 22-23. Plaintes et remords de saint Pierre, après son reniement; 2e strophe « L'Aurore...», chez Tansillo : « L'Aurore versant une urne de larmes et avec sa main d'ivoire une corbeille de fleurs; elle a masqué son visage de vapeur et ses cheveux blonds d'un voile noir et nuageux. » Pour cette représentation de l'aurore, on se reportera à Ripa et aux peintres.

P. 169. - MALHERBE : CHANSON (1627).

- Éd. Lavaud, t. II, p. 283-4.

- Cette savoureuse aubade est une des dernières pièces publiées par Malherbe; elle occupe une place à part dans son œuvre : rimes uniquement féminines, mètres impairs rompent nettement avec les tendances habituelles de Malherbe; mais il s'agit d'un petit divertissement hors-d'œuvre. Plaisante figuration du soleil, qui se lève le matin comme un amoureux en parure de fête.

P. 171. - DU BOIS HUS : [FEUX D'ARTIFICE].

- *Nuict des Nuicts...*, Paris, 1641, p. 141.

- Description d'un feu d'artifice allumé pour la naissance du Dauphin Louis XIV.

P. 172. - DU BOIS HUS : ET LES LARMES DU SOIR *... *Ib.*, p. 6-7.

P. 174. - DU BOIS HUS : A SON TRIOMPHE POUR CERCUEIL *.

- *Le Prince Illustre*, Paris, 1645, 2e partie, p. 38.

P. 175. - LA MESNARDIÈRE : LE SOLEIL COUCHANT. *Poésies*, Paris, 1656, p. 156-8.

- *Alceste* : l'ode s'adresse sous ce pseudonyme, à la comtesse d'Estrades.

- *Java* : « Province de l'Amérique d'où viennent les rubis » (note de l'auteur).

- Ce coucher de soleil est une métamorphose continue, jouée sur un clavier de demi-teintes, à laquelle le poète semble assister au moment même où elle se développe sous ses yeux.

- L'auteur signale dans sa préface que la plupart des poèmes de son recueil ont été composés avant 1642. Il s'y réclame de Voiture et de Sarasin, il rêve d'une poésie dont le goût exquis et la grâce serait à l'opposé « de cet infâme et vilain Burlesque », son poète idéal unirait « Ovide, Horace et Catulle en un seul poète ».

P. 179. - LE MOYNE : CES VAINES IMAGES *.

- *Entretiens et Lettres poétiques*, Paris, 1665.

- Entretien II : *Le Spéculatif*.

- « Il fait une description de la mer et de ses costes, meslée de considérations morales et historiques... »

P. 180. - LA FONTAINE : SUR LA NUE *.

- Extrait du *Songe de Vaux* (composé entre 1659 et 1661, publié dans les *Œuvres diverses* de 1729).

- Description d'une peinture de plafond, par Le Brun, au château de Vaux-le-Vicomte.

P. 181. - LABADIE : SUR LA VEUE ET LE SENTIMENT QUE L'AME A, OU PEUT AVOIR DE DIEU, SOUS LE SYMBOLE D'UN NUAGE.
- *Saintes Décades*, Amsterdam, 1680, p. 103-104.

P. 183. - DU BARTAS : [L'ARC-EN-CIEL].
- *Seconde Semaine, L'Arche* (*Œuvres*, t. III, p. 114, vers 451-470).
- *riolé* : rayé, bariolé.
- *temporel* : éphémère.
- *ravage ondoyant* : l'eau (le bleu)
- *ravage contraire* : le feu (le rouge).
- *Du jugement jà fait, et jugement à faire* : le Déluge et le Jugement dernier.

P. 184. - LA CEPPÈDE : LE VIEUX ARC BIGARRÉ * (1594).
- *Théorèmes* 1613, t. I, Livre III, sonnet XXII.
- Notes de l'auteur :

au sommaire : « Rapport mystique de l'arche de Noé et de l'arc-en-ciel, à la Croix et au Crucifié ».
- Dans le commentaire :

« *Deucalion*, c'est-à-dire de Noé sur l'histoire duquel (escrite au 6, 7 et 8. de la Genèse) les poètes ont façonné l'invention de Deucalion et Pyrrha, dont parle Juvenal en sa première Satyre, et Ovide au premier de la Métamorphose. »

- « *Précieux*. L'arc-en-ciel est à mon advis l'une des plus propres, et plus belles figures de la Croix et du Crucifié...; cet arc fut donné par Dieu le Créateur pour signe certain de son alliance, dit-il, entre luy et toute âme vivante de toute chair. De mesme à ce coup par l'Incarnation et Passion de son Fils, il nous a donné un gage réel et certain de l'alliance de la Divinité avec l'humanité. Cet arc fut donné pour arrester et finir le déluge des eaux; et cettuy-cy pour apaiser le déluge de l'ire de Dieu sur les hommes; cet arc est de couleur rouge, blanche et bleue (comme opale), de mesme le corps de Jesus-Christ en Croix est rouge (c'est-à-dire tout sanglant), bleu (c'est-à-dire livide de meurtrissures), et blanc, pasle (de la couleur de la mort)...».
- *stygieux* : de l'Enfer.
- *nuau* : nuage.
- Deucalion, fils de Prométhée, construisit une « arche » et flotta neuf jours sur les eaux; il est donc un « faux » Noé, et Noé, figure du Christ, est le « vray Deucalion ».

P. 185. - DU BOIS HUS : BELLE IRIS *.
- *Nuict des Nuict...*, Paris, 1641, p. 21-22.
- *cet Amour* : comme plus bas *ces yeux* : de Jésus-Christ, dont ce poème célèbre la naissance.

P. 186. - VION DALIBRAY : SONNET.
- *Œuvres poétiques*, Paris, 1653.

P. 187. - BUSSIÈRES : L'ARC-EN-CIEL.

- *Descriptions poétiques*, Lyon, 1649, p. 125-128.

- Sous-titre : « Le monde n'a que l'apparence ».

- Apparence fugitive, splendeur fastueuse mais illusoire, merveille qui cache le rien, l'arc-en-ciel est sans doute — avec Prothée et la luciole — le meilleur emblème du Baroque; aussi en ai-je rassemblé ici une petite série. L'un des plus beaux, et des plus explicites, nous vient de Bussières; ce poème mérite une particulière attention. On y voit se construire longuement, précieusement, à force d'images qui se superposent et se substituent comme dans l'arc-en-ciel lui-même, le merveilleux édifice — que, soudain, d'un brusque revers de main, le poète détruit sous nos yeux dessillés; « beauté, vous me trompez...», nous étions les jouets d'une illusion, ce bel univers n'est qu'apparence. qui se dissipe maintenant comme une nuée : « C'est un néant vestu, c'est un masque trompeur... ».

P. 190. - PIERRE DE SAINT LOUIS : [L'ARC-EN-CIEL].

- *La Magdeleine au désert de la Sainte Baume*, Lyon, 1668, Livre II.

P. 191. - DRELINCOURT : SUR L'ARC-EN-CIEL.

- *Sonnets chrétiens*, Niort, 1677, première partie, sonnet 23.

- *la paix* : « la paix est l'assurance contre le Déluge » (note de l'auteur).

L'EAU EN MOUVEMENT

P. 197. - SPONDE : TOUT S'ENFLE CONTRE MOY *.

XIIe *Sonnet de la mort*

- Sonnet « rapporté », à triple registre, se lit horizontalement et verticalement, l'ordre étant inversé aux vers 11 et 14. Cf. le commentaire d'A. Boase, éd. Boase-Ruchon des *Poésies* p. 311.

- Les exemples de sonnets « rapportés » sont assez nombreux au XVIe siècle, avant Sponde; le plus connu, et le plus remarquable, en France, est le sonnet de Diane par Jodelle; par l'Italie, la tradition remonte au moyen-âge et à l'Antiquité; on consultera Chamard, *Histoire de la Pléiade*, t. IV, p. 100 *ss* et Curtius, *La Littérature européenne et le moyen âge latin*, Paris, 1956, p. 347 *ss*, qui donne des exemples antiques du procédé.

- Ici, le registre est triple parce que l'ennemi de l'âme est triple; en outre, le mouvement général correspond parfaitement à la forme de tout sonnet : triple vague d'assaut dans le premier quatrain, puis réponse du second quatrain par la triple parade divine. La charnière du sonnet est fortement accentuée : « Et quoy ? » Puis le mouvement repart, courte reprise du combat que le dernier tercet conclut sur le triomphe de l'esprit de Dieu : le dernier hémistiche « où se rompra cette onde » renvoie au premier « Tout s'enfle contre moi »; de l'un à l'autre, la tempête s'est soulevée, mais Dieu l'a dissipée.

P. 198. - Du Plessis-Mornay : Barque qui vas flottant *.
- *Mémoires et Correspondance*, Paris, 1824, t. III, p. 301, accompagnant une lettre datée du 4 février 1586; cité par A. Boase, *Poésies* de Sponde, p. 121.

P. 199. - Chassignet : L'eau change tous les jours *...
- *Mespris de la vie...*, sonnet 5.
- *consomme* : consume.
- *combien que* : bien que.

P. 200. - Chassignet : Et l'onde pousse l'onde *.
- *Ib.*, sonnet 53.
- *fumière* : fumée, vapeur.
- *laqs* : lacets, liens.

P. 201. - Du Perron : Et les eaux, et mes jours *.
- *Recueil de diverses poésies*, Paris, 1598.
- *et si* : et cependant.

P. 202. - D'Urfé : Comparaison d'une fontaine a son desplaisir.
- *Astrée*, première partie (éd. Vaganay t. I, p. 409).
- *l'areine* : le sable.

P. 203. - Théophile de Viau : La solitude (1621).
- *Œuvres poétiques*, éd. Streicher, Genève, 1951, t. I, p. 16 *ss*; composée vers 1612 (cf. A. Adam, *Théophile de Viau...*, p. 97); poème longtemps célèbre, si l'on pense qu'au XVIIIe siècle, Du Marsais, dans ses *Tropes*, cite les deux vers :

Je baignerai mes mains...
Dans les ondes de tes cheveux

pour donner un exemple de métaphore défectueuse « tirée de trop loin ». Ce serait l'occasion de rappeler le long débat sur la métaphore au XVIIe siècle, mais une note n'y suffirait pas. Je me permets de renvoyer à mon article sur la métaphore au temps de Malherbe, *XVIIe Siècle*, avril 1956 (No consacré à Malherbe, pour son IVe centenaire).

P. 205. - THÉOPHILE DE VIAU : ODE.
- *Maison de Silvie*, Ode III (1624).
- *Œuvres poétiques*, éd. Streicher, T. II, p. 147-149.
- *Melicerte* : divinité marine.
- *ce monstre* : Scylla.
- *Rien que les cygnes n'y repaissent* : seuls les cygnes s'y repaissent (*rien que* s'emploie avec la négation; et repaître, sans pronom, dans le sens de « prendre sa réfection »)
- *Diane* : la Lune, amoureuse du berger Endymion, qu'elle quittait à l'aube.
- *ce jeune cocher* : Phaéton.

P. 208. - THÉOPHILE DE VIAU : PARMY DES OMBRES INCERTAINES *.
- Ode VI, sur le Printemps, de la *Maison de Silvie* (1624),
- *ib.*, p. 164-165.
- *palais d'airain* : ciel.
- *estat* : royaume.
- *allées* : courses.

P. 209. - SAINT-AMANT : L'ARION (1623).
- Éd. Livet, t. I, p. 81.
- Pour les trois beaux vers sur les mouvements circulaires de l'eau « Se perdans l'un dans l'autre à mesure qu'ils croissent ». Saint-Amant est le poète de l'eau à la fois immobile et en mouvement; sensible aux vibrations et aux reflets.

P. 210. - SAINT-AMANT : PLAINTE SUR LA MORT DE SYLVIE (1629).
- *Ib.*, p. 103.

P. 211. - SCUDÉRY : LA FONTAINE DE VAUCLUSE.
- *Poésies diverses*, Paris, 1649, p. 2.
- Deuxième d'une série de douze sonnets décrivant la Fontaine de Vaucluse; j'ai choisi celui qui dit le mieux les bouillonnements et les métamorphoses de l'eau en mouvement.

P. 212. - GOMBAULD : JE VOGUE SUR LA MER *.
- *Poésies*, Paris, 1646, p. 291 (*Sonnets chrestiens*, N° 23)

P. 213. - RACAN : PSAUME XCVII.
- *Dernières œuvres...*, Paris, 1660.
- *Œuvres*, éd. de Paris, 1724, t. I, p. 240.
- *Vous qui toujours suivez...* : Valéry Larbaud tient ce vers pour « un des plus beaux de toute la lyrique française ». (*Ce vice impuni, la lecture... Domaine français*, Paris, 1941, « Notes sur Racan » p. 132-160, où Larbaud attire l'attention sur Racan poète religieux, sur l'auteur des *Odes sacrées* ou *Psaumes*, celui que le XVIIe siècle mit très haut).

P. 214. - DESMARETS : J'AIME TOUTES CES EAUX *.
- *Les Visionnaires* (1638), acte III, scène 5.

- Galerie d'originaux bizarres vivant chacun dans son illusion, p. ex. ce Phalante qui décrit le palais et le parc dont il se croit possesseur; ces jardins ont leurs jeux d'eau imaginaires.

P. 216. - Du Bois Hus : [Jeux d'eau].

- *La Nuict des Nuicts...*, Paris, 1641, p. 119-120.

- *un nom d'eau* : une fontaine du parc royal dessine en lettres d'eau le nom du Dauphin qui vient de naître.

P. 218. - Scudéry : [La grotte].

- *Alaric ou Rome vaincue*, Paris, 1654, Livre III. Extrait d'une description de jardins enchantés, comme chez le Tasse, qui s'offrent aux yeux d'Alaric.

- *l'Iris* : l'arc-en-ciel.

P. 219. - La Fontaine : Le songe de vaux.

- Fragment du *Songe de Vaux*, évocation de Vaux-le-Vicomte, la récente création de Le Vau, Le Brun et Le Nôtre, l'équipe qui bientôt construira le nouveau Versailles. Ces stances sont mises dans la bouche d'Hortésie, déesse des jardins.

- Ed. Garnier des *Poèmes*, p. 83.

P. 220. - La Fontaine : [La grotte de versailles].

- *Psyché* (1669), Livre premier.

- *croissance* : végétations.

- *Se rompt, se précipite...* : deux vers repris du *Songe de Vaux* (éd. Garnier, p. 117).

- On sait que la Grotte de Tethys, bientôt détruite pour faire place à la nouvelle aile du château, fut un des « clous » du premier Versailles de Louis XIV, étroitement liée à la symbolique d'Apollon, dieu soleil, qui commandait tout Versailles; elle figurait le repos du Dieu au sein de la mer, après les travaux du jour; Félibien en a donné une belle description en prose qui en précise la signification; ruissellements d'eau, effets de couleurs, reflets devaient donner au visiteur l'impression qu'il se trouvait dans une grotte fabuleuse, au fond de la mer, au moment où le dieu allégorique et ses chevaux y refaisaient leurs forces. Dans les vers de *Psyché*, La Fontaine dit surtout le plaisir pris aux jeux mouvants de l'eau jaillissante ou retombante.

- On trouvera des documents et des reproductions dans un article de L. Lange, *Art de France*, 1961.

P. 222. - La Fontaine : [La fête de vaux].

- Lettre à Maucroix, 22 août 1661. Il s'agit de la fameuse fête offerte par Fouquet à Louis XIV, le 17 août 1661, au moment où va commencer la représentation des *Fâcheux*; on complétera ce texte de La Fontaine par la préface de Molière pour l'éd. de 1662 (éd. Bray, p. 153) et par le Prologue des *Fâcheux*.

P. 223. - MARBEUF : ET LA MER ET L'AMOUR *.
- *Recueil de vers*, Rouen, 1628 (éd. Héron, Rouen, 1897, p. 183).

P. 224. - MALLEVILLE : CHANSON, A LA LOUANGE DE L'EAU.
- *Poésies*, Paris, 1649, p. 352-354.
- Poème de jeunesse, auquel G. Colletet, ami de Malleville, répliqua : *Advis à un poète beuveur d'eau*, 1627, (*Banquet des Poètes*, Paris, 1646, p. 1) : « ... Tu n'auras point l'ardeur des illustres Poètes, Si ton esprit d'oyson se refroidit dans l'eau... ».
- *siècle doré :* âge d'or.

P. 226. - Mme GUYON : ABANDON ENTIER.
- *Poésies et Cantiques spirituels*, éd. Paris, 1790, t. III, p. 200-201. Cf. *Moyen court*, chap. XXII.

LES EAUX MIROITANTES

P. 231. - TRISTAN : LA MER.
- *Poésies galantes et héroïques, Paris*, 1662, IIe partie, p. 29. Une note de cette édition date la composition du poème de 1625, durant le siège de La Rochelle; il fut publié en 1627.
- Chef-d'œuvre du sentiment baroque de l'eau miroitante, source de reflets, d'illusions, de mondes renversés dont les poèmes qui suivent donneront d'intéressants exemples; chez Tristan, miroir mouvant, tremblant, où l'on cherche une image, que l'on retrouve brisée, multipliée, en incessante mutation, plus précieuse d'être réfléchie et recomposée, et diversifiée en *mille pointes de diamants*, en *jaspes taillez*, en *plis de verre* qui se rompent en *perles*; c'est le miracle du mélange de la lumière et de l'eau, quand l'eau est mobile, de créer un monde nouveau, des êtres nouveaux, à la fois joyaux et flammes, solides et éphémères, réalité et mirage; du haut de sa falaise, Tristan suit encore un autre mirage, un autre mélange, celui du jour et de l'ombre au crépuscule, qui fait apparaître à ses yeux *des montagnes d'ombre avec des sources de clarté*. Si la place ne manquait, il faudrait citer ici, en exemple de sensibilité parente, cet autre chef-d'œuvre baroque, l'admirable *Mirage en Sicile, Apparences changeantes réverbérées dans l'air par un mélange d'ombre et de lumière* de l'Italien Lubrano (v. *Cahiers du Sud*, déc. 1955, p. 17-19).

P. 234. - TRISTAN : LE PROMENOIR DES DEUX AMANS.
- *Plaintes d'Acante*, 1633 (avec var. de 1638 pour 4e str.).
- *Poésies galantes et héroïques*, Paris, 1662, p. 31. Cf. J. Tortel *Le lyrisme au XVIIe siècle* dans *Hist. des Litt. III*, Encycl. de la Pléiade, 1958, p. 367 ss.

P. 235. - TRISTAN? : LES FORGES D'ANTOIGNÉ.

- Cette curieuse pièce a été retrouvée par A. Carriat, et publiée en annexe de son *Tristan ou l'Éloge d'un poète*, Limoges, 1955, p. 139 ss, avec cette indication : « on n'en connaît qu'un seul exemplaire, qui est à la B.N., relié à la suite des Vers Héroïques ». L'attribution à Tristan n'est cependant pas certaine.

- Mme de Sévigné, dans une lettre du 1er octobre 1677, décrira aussi une forge sur le mode fabuleux : « Hier au soir, à Cosne, nous allâmes dans un véritable enfer : ce sont des forges de Vulcain; nous y trouvâmes huit ou dix cyclopes forgeant, etc... ».

- *gueuse* : métal en fusion.

- *abeilles* : dans son avertissement, l'auteur justifie cette comparaison en invoquant le IVe Chant des *Géorgiques*, qui compare « les abeilles aux forgerons..., je pouvois, en retournant cet exemple, comparer les forgerons aux abeilles ».

P. 239. - SAINT-AMANT : LA SOLITUDE.

- Éd. Livet, t. I, p. 25-26.

- La *Solitude*, « ce fantasque tableau » (c'est-à-dire que l'imagination s'y donne libre cours), est une œuvre de jeunesse, probablement antérieure à 1618, publiée vers 1620.

- Saint-Amant esquisse ici le motif du *miroir flottant* et le thème du doute *(on est quelque temps à sçavoir)* devant une double réalité, l'objet et son reflet, ici les deux soleils, entre lesquels l'esprit hésite, et volontiers prolonge un délicieux vertige; ce thème du monde illusoire et de l'incertitude cultivée est développé, dans les pages suivantes, par Saint-Amant lui-même, par G. Habert, Racine, Le Moyne, etc. Le texte le plus significatif à cet égard serait l'extraordinaire prose de Cyrano de Bergerac, la lettre *Sur l'ombre des arbres dans l'eau*, où se mêlent l'air et l'eau, l'oiseau et le poisson, le réel et l'irréel, car les sens sont trompés et trompeurs : « ... que dirai-je de ce miroir fluide, de ce petit monde renversé... Mais, ... après avoir découvert que tout ce miracle n'est qu'une imposture des sens, je ne puis encore empêcher ma vue de prendre au moins ce Firmament imaginaire pour un grand lac sur qui la terre flotte ». Le rossignol semble nager sous les eaux, la dorade et la truite « ne savent si c'est un poisson vêtu de plumes, ou si c'est un oiseau dépouillé de son corps... » (éd. Lachèvre des *Œuvres diverses* p. 23-25).

P. 240. - SAINT-AMANT : EN CE MIROIR QUI COULE *.

- *Moyse sauvé*, 6e partie (éd. Livet, t. II, p. 238).

- *Enfin l'ange* : l'ange envoyé par Dieu pour apaiser l'orage qui soulève le Nil.

P. 241. - SAINT-AMANT : [LES CYGNES].
- *Moyse sauvé,* 10e partie (ib., p. 294).
- *elle* : la princesse égyptienne, qui recueillera Moïse.

P. 242. - DESMARETS : LE CHATEAU DE RICHELIEU.
- *Promenades de Richelieu,* Paris, 1653, p. 45-46.

P. 243. - SARASIN : L'ON RESVE SUR LES BORDS DE L'ONDE *.
- *Œuvres,* Paris, 1656.
- *Poésies,* éd. Uzanne, Paris, 1877, p. 136-137.
- Extrait du poème *A Madame la Princesse de Condé la Douairière. Vers irréguliers.* Lettre versifiée écrite de Coulommiers. Sarasin appartenait à l'entourage des Condés.
- *Napées* : nymphes forestières.

P. 245. - HABERT DE CÉRISY : DANS SA GLACE INCONSTANTE... *.
- *Métamorphose des yeux de Philis en astres,* Paris, 1639, p. 2-3.
- Voilà, bien oublié maintenant, l'un des poèmes les plus célèbres au XVIIe siècle; il enchanta et stimula de nombreux poètes, dont le jeune Racine (v. la pièce suivante). Boursault en tira une pièce de théâtre qu'il publia en 1665; il écrit à cette date : « *La Métamorphose des yeux de Philis en astres* est un poème qui s'est acquis tant de réputation et qui a tant donné de gloire à feu Monsieur l'Abbé de Cérisy, qui en estoit l'auteur, qu'il y a peu de personnes qui fassent profession d'aymer les belles choses, qui ne l'ayent assez leu de fois pour en sçavoir plus de la moitié par cœur... ». (Avis au lecteur).
- Vingt ans plus tard (1687, *Manière de bien penser*) Bouhours apporte de cette longue réputation un témoignage d'un vif intérêt, parce qu'il oppose sur ce point deux esprits, deux goûts; pour Philanthe, qui aime le Tasse, le style fleuri, les métaphores continuées, « c'est un chef-d'œuvre d'esprit, et j'en suis charmé toutes les fois que je le lis. J'en ai été charmé comme vous, reprit Eudoxe; mais j'en suis bien revenu, et je n'y admire plus guères que l'affectation. » Eudoxe, porte-parole de Bouhours, ami de Racine, concède qu'il a goûté cette poésie en sa jeunesse, mais que son goût a changé. Philanthe cite les quatre premiers vers du fragment reproduit ici : *Au milieu de ce bois un liquide cristal...,* qui lui paraissent « parfaitement beaux, et très naturels... Si vous appelez cela naturel répliqua Eudoxe, je ne sçai pas quelle idée vous avez de l'affectation. En vérité, répartit Philanthe, vous renversez toutes mes idées ». Trop de « brillants », voilà le grand reproche d'Eudoxe à ces vers. (3e Dialogue, p. 383 ss, éd. Lyon 1691).

P. 246. - RACINE : DESCRIPTION DE L'ÉTANG.
- *Œuvres,* éd. de la Pléiade, t. I, p. 1033-35.

- Ode 4 des *Promenades de Port-Royal des Champs*, composées vers 1657-58; Racine avait alors 17 ou 18 ans.

- On rapprochera cette ode où le jeune poète joue sur les eaux, les reflets, leurs « beaux songes trompeurs », de la *Métamorphose* de G. Habert (v. ci-dessus); on ne peut douter qu'à ce moment Racine admirât ce poème très mariniste. Pour Racine, à cet âge, la poésie c'était cela : un lyrisme descriptif, habile à de délicates variations, issu des Italiens, de Saint-Amant et de Tristan, un peu sans doute du Théophile de la *Maison de Sylvie* (ceci pour les modernes; réservons la part des Latins).

- On notera le foisonnement de métaphores baroques : *glace liquide*, *cristal lumineux*, *couronnes passagères*, *perles ondoyantes*

P. 249. - MARTIAL DE BRIVES : FONTAINES OU LE SOLEIL NAGE *.

- *Paraphrase du Cantique des trois enfants.*

- *Œuvres poétiques et sainctes*, Lyon, 1653, p. 24 ss.

P. 251. - LE MOYNE : DE LA VIE CHAMPESTRE.

- *Entretiens et Lettres poétiques*, Paris, 1665, p. 110-112. Un des plus beaux poèmes de l'eau telle que pouvait l'éprouver une sensibilité baroque.

P. 252. - LE MOYNE : UN LIQUIDE MIROIR *.

- *Œuvres poétiques*, Paris, 1671, p. 423 *(Actéon)*. La source où va se baigner Diane.

P. 253. - LE MOYNE : LA MER.

- *Entretiens et Lettres poétiques*, Paris, 1665, p. 12 (*Le Spéculatif*, 1re éd. 1656).

- Le Moyne, qui a écrit d'admirables pages de prose sur la mer, en fait ici une figure de Dieu.

P. 254. - DRELINCOURT : SUR LES FONTAINES ET RIVIÈRES.

- *Sonnets chrétiens*, 1re partie, sonnet 26.

P. 255. - D'ETELAN : SONNET DU MIROIR.

- Composé avant 1644, publié par Bouhours, *La manière de bien penser...*, Paris, 1687, Troisième dialogue, et dans le *Chevraeana*, Paris, 1697, p. 308.

- Ce sonnet, dit Chevreau, « a été loué de tous nos poètes, et mérite bien que je le transcrive... ». Quant à Bouhours, il l'accompagne de quelques remarques mises dans la bouche d'Eudoxe, l'interlocuteur de goût « classique » et moderne; il a aimé autrefois ce « sonnet plein de brillants », mais son goût a changé : « J'étois jeune..., quand je fus charmé de ce sonnet. Ce n'est pas qu'il n'ait de grandes beautés, par exemple... *Qui ressemble toujours, et n'est jamais semblable.* A parler en général, le sonnet seroit excellent, s'il y avoit un peu moins d'affectation... ».

P. 256. - MALAVAL : LES LEÇONS DU MIROIR.

- *Poésies spirituelles*, Paris, 1671, p. 222-223.

TABLE

II. — BULLES, OISEAUX, NUAGES...

III. — L'EAU ET LE MIROIR

ACHEVÉ D'IMPRIMER
EN SEPTEMBRE 2000
PAR L'IMPRIMERIE
DE LA MANUTENTION
A MAYENNE

Dépôt légal : 3e trimestre 2000